[美] 任筑山 著

我生命中的故事

农业专家任筑山自传

上海交通大学出版社
SHANGHAI JIAO TONG UNIVERSITY PRESS

内容提要

本书记录了作者一生中的点滴片段,如求学之路、科研教育事业、美国农业部的任职经历,以及在促进中美技术交流过程中发生的趣事等。第一部分讲述作者青少年时期的故事及其求学生涯,即作者的性格及人生观如何塑造的过程;第二部分讲述作者在海外适应异国生活、艰难创业、持续奋斗并不断提高自己能力的故事;第三部分讲述作者如何成为第一位也可能是迄今为止唯一一位生于中国大陆的美国联邦政府内阁成员及如何成就几件不寻常而有意义的项目;第四部分讲述作者退休后致力于中国及全球食品安全的工作,以期造福于社会。

本书以故事的方式让读者在不知不觉中了解作者的人生观、生平事迹、做事方式等。作者的真知灼见,以及诸种善与美的道德真谛,可以激励读者在人生路上坚守自己的原则,走好自己的路,像作者一样以"淡泊名利,宁静致远"的做事方式面对成功和失败,给予读者奋发向上的力量。

图书在版编目(CIP)数据

我生命中的故事:农业专家任筑山自传/(美)任筑山著. —上海:上海交通大学出版社,2022.1
ISBN 978-7-313-25333-0

Ⅰ.①我… Ⅱ.①任… Ⅲ.①任筑山—自传 Ⅳ.①K837.126.3

中国版本图书馆 CIP 数据核字(2021)第 227088 号

我生命中的故事——农业专家任筑山自传
WO SHENGMING ZHONG DE GUSHI —— NONGYE ZHUANJIA RENZHUSHAN ZIZHUAN

著　　者:[美] 任筑山			
出版发行:上海交通大学出版社		地　　址:上海市番禺路 951 号
邮政编码:200030		电　　话:021-64071208
印　　制:上海万卷印刷股份有限公司		经　　销:全国新华书店
开　　本:880 mm×1230 mm　1/32		印　　张:8
字　　数:159 千字		
版　　次:2022 年 1 月第 1 版		印　　次:2022 年 1 月第 1 次印刷
书　　号:ISBN 978-7-313-25333-0		
定　　价:68.00 元		

序

我一直觉得自己是个幸运儿。在我的一生中，我遇到了许多善良和有爱心的人，他们给我提供了很多帮助和有用的建议。每当我处于困境，难以抉择时，总有人出现并伸出援助之手。这使我得以胜任几个较高级别的职位，完成了几个有意义的项目。

我担任过的最高职位是美国农业部副部长。我是美国历史上第一个，也可能是迄今为止唯一的一位在中国大陆出生却在美国联邦政府担任过内阁级别官员的美籍华人。许多人建议我写本自传，记录下我一生的成就。

对我来说，这是一项艰巨的工作。但我的性格、人生观，以及多年以来积累的经验和努力工作的态度，都促使我完成这项工作。也许我的这些故事对读者来说会有些启发意义。我不喜欢仅仅按照时间的顺序来记录事件的发展过程。我想把我的传记写成一个个故事，让读者阅读起来更加有趣。

本书分为四个部分：

第一部分主要讲述我青少年时期的学习和生活。我在青少年时期经历了差点让我丧命的事件。我的学生时代生活主要展示了我性格塑造和人生观的建立过程。

第二部分主要讲述我作为第一代移民如何适应异国的生活，以及在生活中如何逐步提高自己能力的故事。

第三部分主要讲述我在华盛顿的生活，以及我在工作中如何克服困难完成几个具有重大意义的项目。

第四部分主要讲述我退休后的生活。退休后，我主要致力于食品安全工作，以期造福于社会。

在我的生命中，有两个人对我的影响和帮助最大。一个是我的母亲章筠倩女士，另外一个就是我的太太方心伟。没有她们，也就没有我今天的故事。谨以此书，献给我的母亲和我的太太。

任筑山
二○二一年四月于美国拉斯维加斯市

目　录

第一章

日本轰炸机

对中国而言，第二次世界大战是从一九三七年到一九四五年，持续了八年时间。在那些年代里，日本的轰炸机无数次从中国大大小小的城市飞过，并投下了无数的炸弹。成千上万无辜的中国人民死于日本的侵略。我出生于一九三九年，正值日本全面侵略中国的时期。因此，日本轰炸机对我早期的生活产生了巨大的影响。

当时，我父亲正在政府担任公职。他不是军人，却拥有相当于中将级别的职位。为了逃避日本轰炸机的炸弹，我们辗转迁移了许多地方，但还是逃不过日本轰炸机的投弹。

根据我母亲的说法，她是在贵阳怀上我的。当我快要出生的时候，我们已经迁移到了重庆。日本轰炸机每天都会对重庆投下无数的炸弹。为了顺利分娩，也为了躲避日本轰炸机，我母亲搬到了重庆郊区一个叫"璧山"的农村。我就是出生在这个农村。我是农历一九三九年五月八日出生的。为了纪念我出生的地方，我的乳名就叫"小璧山"。

我的家族来自江苏宜兴——以"紫砂"闻名全国的陶艺之乡。任氏家族是宜兴最大、最富有的家族之一。我们有自己的家族寺庙"清川堂"和上千亩种植庄稼的土地。我是宜兴任氏家族第二十九代最年长的男性。按照传统，我应该在适当的时候在宜兴接任族长的职位。我有一个比我大两岁的姐姐，她叫任景文。在我们全家去重庆的途中，她生病了，被送回上海市治疗。她和我外婆住在一起。一直到一九四五年，中国赢得了抗日战争的胜利，我们全家搬回到上海的时候，我才第一次见到我的姐姐。

当我外婆得知我的乳名叫"小璧山"时，她大为生气。因为在上海话中"小璧山"听起来与"小乞丐"同音。她说如果别人听到我的名字"小璧山"，会取笑我和我的家人的。她要我父母在入学之前把我的名字改掉。我母亲想起她当年怀我的时候，在贵阳的家中，她常坐在窗前，看对面一座叫"筑山"的小丘陵。因此，她决定把我的名字改为"筑山"，这也成了我一生所用的名字。在我读大学的时候，我母亲成了天主教徒。我们兄弟姐妹四人也都接受了洗礼，并成为天主教徒。我的教名是约瑟夫。一九六二年，我离开中国台湾到美国就学的时候，我的英文全名是 Joseph Jwu-Shan Jen。在美国，大多数人都叫我 Joe Jen。Joe 是约瑟夫的简称。

我对自己的少年时代记忆不多。我记得我有一个比我小两岁的弟弟，叫"小沅陵"。不幸的是，他在一岁多一点的时候死于细菌感染。在战争期间，没有好的医疗条件，也没有抗生素治疗他。当年我认为，日本人应该对我弟弟的死负责。如果没有日本轰炸机，我们就可以在上海用抗生素治疗他，那么他就不会死掉的。

第二个与日本轰炸机相关的故事，发生在我四岁大的时候。那时我们住在湖南的沅陵县。日本轰炸机每天晚上都会飞过沅陵县，投下许多炸弹。每天晚上警笛声一响，我们就赶紧收拾东西，躲进我家附近的防空洞里。防空洞其实是附近小山上的一个"马蹄"形洞穴。我们通常都从左侧的入口进入洞穴，因为它比右侧的入口近些。

一天晚上，当警笛声又响起的时候，照看我的年轻佣人把我从床上抱起，走出房门，向防空洞跑去。我记得当时我抬头看了看天空，看到两架日本轰炸机从右边向左边飞去。我被吓哭了，要求佣人不要从左边入口进入防空洞，从右边入口进入防空洞。我母亲很不高兴，叫我不要小题大做。不知什么原因，我坚持哭着一定要从右边入口进入防空洞。我的祖母当年和我们住在一起，她让母亲答应我，从右边入口进入防空洞。

我们刚进入防空洞不久，就听到一声巨响，原来是一颗炸弹击中了洞穴左侧的入口，导致防空洞左侧入口坍塌。所有躲在洞穴左侧的人都被炸死了。我们是躲过当晚日本轰炸机的少数幸运者。我的祖母就跟我妈妈说："小璧山今晚救了我们全家。你要好好照顾他，他将来必成大器。"

我当时认为我的母亲没听我祖母的话，因为她对我一直都很严厉。每当我犯错的时候，她都会惩罚我，打我手心或让我跪在墙角面壁思过。现在想想，我的母亲是遵照祖母的话用心培养我。她不但从小就教我明辨是非，还灌输给了我许多中国传统的美德和哲学思想，让我一生享用不尽。

日本轰炸机改变了我的幼年生活。从那次防空洞的事件中，我第一次发现我可能有一种"天赋的直觉"。回顾我的一生，我发现在我需要做决定的时候，我的"直觉"通常都是对的。有名人说过："领袖是天生的，而不能被教导的。"我不完全同意这一观点，因为我认为许多领导技能都是可以学习的，但"直觉"可能是一种与生俱来的东西，教不了，也学不来的。

第二章

小沙弥

在我上小学的时候，我父亲的工作岗位频繁调动，所以我们经常搬家。我没有在任何一所学校念完整个学期，因为常当插班生，我学习也跟不上，所以很多课程我都会不及格。有些时候，我甚至都不能去上学。在那种情况下，我母亲便会请一位私塾先生来家里教我中国古典文学，如"四书五经"等。虽然我没有把"四书五经"念通，但是这些教师给我灌输了中国古典哲学和儒家思想。这些哲学思想包括以和为贵、持之以恒、审时度势、保持内心的平静和安宁、绝不自傲、为人谦和，还有所谓"三人行，必有我师焉"等。这对我的一生都产生了很大的影响。

我是宜兴任氏家族第二十九代的长男，因此对我祖母来说，我特别重要。我祖母在年轻的时候就失去了丈夫。虽然她有四个儿子和一个女儿，但她仍然在宜兴掌管了任氏家族很长一段时间。直到抗日战争时，日本飞机轰炸中国沿海城市，她才不得不离开家乡，和我们一起居住。

我祖母和她那个时代的大多数女性一样，是一位虔诚的佛教信徒。她常去寺庙烧香拜佛，也喜欢和僧侣们交谈，请他们指点迷津，进而帮助我的父亲和其他家人寻找人生的方向。由于她信佛，所以我也常被僧侣们传授一些佛教的理论。这对我的后半生产生了很大的影响。佛教主张安乐祥和、冷静耐心、宠辱不惊、待人以宽、慈悲随缘。佛教认为，一个人生命中每一次与他人的相遇都是"命运"安排的"缘分"。

我们在杭州住过一阵。杭州是一个佛教文化充盈的城市，那里有许多著名的寺庙。其中，最负盛名的是上天竺寺。寺庙的方丈德高望重，受到信徒们和其他寺庙僧侣们的尊敬。不知是什么原因，尽管方丈年岁已高，但他还没有一个可以继承衣钵的弟子。按照传统，这个接任的弟子需要追随他修行多年，才能继承方丈之位。

接下来我所讲的这件事情发生在一九四八年，那个时候我才九岁。有一天，我陪祖母一起去上天竺寺进香，拜访寺庙的方丈。当我和几个堂兄妹在寺庙周围互相追逐，玩得正开心的时候，方丈突然喊我过去站在他身边。他目不转睛地看着我，并把他的右手放在我的头上，喃喃自语了一会儿，然后转身对我祖母说："你的这个孩子有慧根。"显然，我祖母听懂了方丈话中的意思，她哭着对方丈说："你可以要我的任何一个孙子，但这个孩子不行，他是我们任氏家族这一代的长男。"方丈笑了笑，念了句"阿弥陀佛"，就示意我去和我的堂兄妹们玩。我当时并不理解发生了什么事。后来我母亲告诉我，那个方丈非常希望我出家当和尚，成为他的弟子。对大多数佛教信徒来说，这是巨大的荣幸，没有人会拒绝的。如果我不是任氏第二十九代长男，或是我祖母把她的佛教信仰放在任氏传统之上，我那天就成为一个小沙弥，在上天竺寺度过我的余生。当时，方丈还叹息着和我祖母说："很遗憾，我和这位小兄弟没有'缘分'。"缘分在某种程度上，它是"命运、机遇、关系和时机"等的综合体。

这件事让我明白了，当我没有权利做决定的时候，我的命运就掌握在别人的手中。随着年龄的增长，我尽力提高自己决定命运的能力，可是现实往往限制了我的选择。

　　时隔五十九年后的二〇〇七年，我作为加州农业领导计划的成员，去了蒙古国访问以了解不同国家的文化。我们拜访了一位当地的佛教领袖。他像当年杭州的老方丈一样，把他的右手放在我的额头上，喃喃地说了几句话，然后把右手拇指放进他的嘴里，接着在我的额头点一点，叹了口气，示意我离开。负责接待我们的僧侣跟着我走出房间，告诉我喇嘛说我有"慧根"，并给了我终身的祝福。我突然感到一阵寒意从我的脊背上冒出来，难道这位喇嘛就是杭州那位方丈转世而来的？

　　这个故事的寓意是，中国人认为做人要诚实，做一个真诚善良的人。我们在生活中遇到的每一个人都是因为一定的"缘分"，我们要珍惜这些"缘分"。通过了解中国文化的精髓，许多好事都发生在我身上。我希望这本书的读者也可以在生活中遇到许多这样的好"缘分"。

第三章

辍学生

　　除了日本轰炸机和小沙弥事件外，我对自己青少年时期在中国大陆的生活记忆不多。我只记得在上海的时候，我每天必须要走很长的一段路去一个叫克里斯汀的私立教会小学上学。我们三年级就要上英语课，但我学得不好，经常考试不及格。另外，在南京的时候，我大舅（我叫他老虎舅舅）和二舅（我叫他狮子舅舅）每天会用自行车载我去一所叫"琅琊路小学"的公立小学上课。后来我才知道，琅琊路小学是南京最有名的小学，到今天仍然如是。另外，我们还在杭州待过两个月，当时我们住在西湖边的一幢大房子里。对我来说，这是一段快活的时光，因为我不用上学，我母亲也没有找教书先生来给我上课。

　　一九四九年，我们全家从上海迁往台湾。当我们的商船驶离上海黄浦江的时候，长江对面的大炮正向我们这边开火。当时我才十岁，年少无知，觉得在甲板上看炮战非常有趣。出于对我安全的考虑，母亲命令我躲到船舱里。后来我才知道，那天我们乘坐的商船是离开上海的最后一班商船。两天后，我们到达了美丽的台湾岛。

　　到达台湾后，我们一开始住在台北郊区一个叫"北投"的小镇上，这是一个以温泉而闻名的度假胜地。我们在那待了一个多月后，就搬到了台北"总统府"附近一所日式房子里。新家安顿好以后，我被安排到一所公立小学上五年级。我很不开心，因为在离开上海之前，我已经上完了五年级第一学期的课程，而我应该读的是五年级第二学期的课程。在台湾，年满6岁的孩子才开始读一年级，而我和我姐姐在大陆时5岁就读了一年级。

上完五年级第一学期的课程后，我想转到私立小学读六年级。私立小学六年级第二学期的毕业班不收转学生。不过他们可以收我上六年级第一学期的"春季班"。念完"春季班"后，我看到报纸上有一所新开的私立中学招收新生的广告。我决定用"同等学力"申请参加考试，并通过了考试。我母亲对这所私立中学不满意，她认为我应该继续留在私立小学念完六年级的全部课程再升学。我向祖母求助，因为这所学校的校长是江苏宜兴人，所以祖母同意了我的请求。因此，我小学没有毕业就读了初一。后来，我还经常调侃说自己的教育背景差，小学没有毕业，是一个"辍学生"。

在这所私立中学念了一年后，在暑假期间，我又在报纸上看到公立成功中学在招收转学生。我参加了转学考试，并勉强通过了考试，进入了台北排名第三的成功中学就读初二。在这个班里，我基本跟不上课程。直到今天，我还记得数学教师在表扬月考中取得极大进步的学生时，班里其他同学的成绩都是从六十分升到八十分，而我的成绩是从四十分上升到六十分。六十分是刚刚及格的分数。在这所学校，我结识了四位同学：谢国成、陈文渊、王连欣和张藻。我是五人中年龄最小的一个。课余的时候，我们经常骑脚踏车到近郊的新店镇旅游。路上有一个池塘，我们就会跳进水中学游泳。我不喜欢把头埋进水中，所以只学会了蛙式游泳。

读完初三，初中毕业，我在高中联考时取得了很好的成绩，被台北排名第二的师范大学附属中学（以下简称

"附中") 录取，并安排在高四十班（又叫 S40）就读。一直以来，我的学习成绩在班里都是倒数第几名。高一时，我两门主科英语和生物都不及格。当时的规定是我必须要留级重修高一。对此，我母亲当然很不高兴。在秋季开学的前几天，教育厅出了一项新政策，凡是两门主科不及格但分数在五十分以上的可以有一次补考的机会。如果补考超过六十分可以继续随班就读。正巧我的英语是五十分，生物是五十一分，可以参加补考。我的补考成绩是英语六十一分，生物六十分。因此，我可以跟我高一的老同学一起上高二，不用再留级了。

由于参加补考，我晚了一周才去学校报到。当时，班里的座位已经根据同学们的身高按从矮到高的顺序排好了。高一时，我在班里的座位是三号，因为那时我的个子很矮。再回到高四十班时，我的个子依然很矮，却坐在班里第五十号的位置上，在全班个子最高的四十九号高正明的旁边。我一个最好的朋友童德淦在休学一年后复学。他在我报到后的一天出现在高四十班，坐在五十一号。两年后，我完成了高中的全部学业，成绩是班上的中下游。

对我而言，能在附中度过高中三年，是一件非常幸运的事情。附中以推崇自由精神著称。学校给学生更多的自由去培养课外的兴趣和爱好。我记得有一年，由于我不会唱歌，而导致音乐课要补考。在一门工艺课上，我也遇到如画画、做飞机模型等问题，常常需要同学们帮忙才能通过。附中最好的一点是每个年级和每个班级都有各种竞赛，这使得每班的同学都上下一心、团结一致，为班上荣誉而互相协助。时至今日，我生活中最好也是最可信任的朋友大都是当时高四十班同学。

高中毕业后，接下来面临的就是大学联考。联考是决定每一个想念大学和专科职业学校的学生必须参加的考试。考试依学生想报考的科类分为四组：文学、理工、医学和农业。在填报志愿时，我原本想选"文学"，因为我的中文根基很深，并且在中学时就开始在报纸和期刊上投稿。但我母亲说，台湾作家的生活都很拮据，靠写作是不能谋生的，因此她要我报考理工专业。这样毕业后可以找到一份好工作，而且这类专业，大学毕业后有到外国去留学深造的机会。

我下定决心要好好地准备联考，很快我就养成一种全神贯注的习惯。我一旦专注看书，就会把外界事物都抛之脑后。我常常在书房里播放古典音乐唱片。一旦我专心投入看书，我就听不到音乐或是母亲叫我吃饭的声音。等我回过神来的时候，唱片已经结束了，在唱片机里发出刺耳的"咕咕"声。

出乎所有人意料之外的是，我联考的成绩非常好，被台湾最好的大学——台湾大学录取了。我当初听了母亲的话，在深思熟虑后，决定填报化学相关的专业，因为我在附中时曾遇到一位非常出色的化学教师。台湾大学录取我的是农业化学系（代码为4563）。该系是我的第三志愿。我的第一志愿是化学工程系，因为我的联考总分不够高，所以我没能被化学工程系录取。我的第二志愿是化学系。由于化学系只收六个学生，排在前四名的学生被录取后，只剩下两个名额。可是有六个联考分数相同的学生竞争这两个名额。我是其中之一，我不够幸运，没有在六名中脱颖而出，因此进入农业化学系。

其实，我进入农业化学系对我的发展是有益的。这个系的专业班级有五十多位学生。在班级里，我们有很多机会交朋友。我也学会了和同学们和睦相处，在小组活动中互相交流，彼此讨论，认真听取别人的意见，并且拥有许多机会培养领导能力。

回忆我小学和中学的生活，我有两个感触。第一个感触是我似乎与生俱来就有勇于奋斗和不屈不折的精神。虽然我遇到过许多困难，但是我都会全力以赴克服。第二个感触是一个人的人生观多半是在他幼年就学的时代形成的。对我而言，儒家和佛教的思想深深植根于我的心中。传统的中国哲学思想讲究做事要有耐心、为人友善、三思而后行、波澜不惊。这也一直是我做事的态度。我想我比和我同龄的中国人更要了解中国的文化。后来我了解了美国的文化和思想，从中学到了美国人积极进取的精神、果敢的决策能力，以及严格的管理制度和守法精神。在我后半生思考如何处理每天的人和事时，东西方这两种文化的差异在我的脑子里产生了冲突。不知为什么，我总能及时地利用这两种哲学思想，很快、很好地处理我生活中所遇到的问题，而不是一意孤行地用一种思想。我想这要归功于我与生俱来的"直觉"吧！

第四章

桥　牌

　　在我念初一的时候，有过一段不寻常的经历，那就是学习如何玩西方的一种纸牌游戏——桥牌。我的两个舅舅章德甫和章德善都很喜欢这个游戏，他们当时住在我们家。章德甫舅舅是台湾大学物理系的学生。他有一个同学叫沈君山，也喜欢打桥牌。打桥牌需要四个人，于是他们就叫我一起玩。我们在家里每个月打两三次桥牌。因此，尽管我对这个游戏知之甚少，两三年下来，也被他们训练成一位很不错的桥牌好手。

　　在我念高一的时候，德甫舅舅已经去美国念书了，德善舅舅在台北东吴大学就读。在课余时间，他还兼任了《桥牌与象棋》期刊的主编。为了充实期刊的内容，他让我把美国作者高伦编写的《怎样打桥牌》这本书翻译成中文，并作为特稿刊登在这本期刊上。当时全球打桥牌的人采用的都是高伦创办的桥牌制度。经过前后一年时间，我彻底了解了高伦的桥牌制度，加上以前打桥牌的经历，确实使我成为一名桥牌高手。

　　在我念高中的时候，一位叫黄光明的同班同学也喜欢打桥牌。他叫牌冲劲很大，而我比较保守，我俩配合得很好。我们参加了很多次台北的桥牌锦标赛，取得了冠军或亚军的成绩。我们是台北当时最佳的双人桥牌组合之一。我们一同进入台湾大学就读时，还组建了一个由六位附中校友组成的"附光"队，参加台湾大学的桥牌锦标赛。尽管台湾大学有七支由高年级学生组成的队伍，但我们击败了其中六个队伍，包括他们当中排名第一的队伍，差点就取得了冠军，他们让排名第二的队伍故意输给排名第一的队伍，利用计分的方式，使我们错失冠军。从这次比赛中，我明白了竞技比赛也不全是公平的，使用技巧和规则都会导致不公平的竞争结局。

我上大二的时候开始对跳舞感兴趣，不想再花太多时间在打桥牌上。于是，黄光明就和他的弟弟黄光辉组队打桥牌。后来，他俩成为了台湾最佳的一对桥牌选手之一，并且在世界顶级桥牌锦标赛百慕大杯上荣获第二名，并扬名全球。二〇一九年，黄光辉带领中国青年桥牌队到我住的拉斯维加斯市参加国际比赛时，我们第一次碰面。当时，他还不知道章德善是我的舅舅，也不知道我翻译了《怎样打桥牌》这本书。

回想我的高中时代，我意识到自己不是一个成绩优异的学生，特别是英语、物理、化学和生物这些课程。我喜欢中国文学，高一开始就在报纸和期刊上发表文章。台湾一家报纸还为我在儿童版上设立了"成语故事"的专栏。我原本以为自己可以成为一名作家，但最终没有走上这条路。唯一能记得的是，我母亲请了一位中文教师来教我书法。我记得那时我要用一根粗大的毛笔写巨大的方块字。我认真练习的动力就是如果老先生认为我的字写得好的话，我母亲就会给我一些零用钱作为奖励。我们小时候没有固定的零用钱，因此这些奖励就是我用来买糖果的经济来源。

回想我中学时的日子，我感到很幸运，能够认识像沈君山和黄光明这样的人。他们都是天才。沈君山后来成了台湾清华大学的校长，还是世界知名的桥牌和围棋选手。黄光明原是台湾大学外文系的学生，到美国后改学应用数学，他在研究思想和创新思维方面闻名全球。

　　一个人小学和中学时代的生活往往塑造他日后的性格。我的小学生涯深受中国文化的熏陶。我的高中生活相当美好，在这里我认识一批至交好友。附中是一所推崇自由的学校，鼓励学生参加多种课外活动，培养团结合作的精神。从这所学校走出去的人，在生活和事业上都比台湾其他中学毕业的学生更优秀，更易取得成功。当时台湾的人们只注重升学和分数，以致大多数学校都忽略了学生社会实践技能的培养。这种传统的教育只能培养出优秀的执行者，但无法培养出领袖人才，而附中是唯一的例外。

　　到美国久了以后，我发现美国的教育更注重培养学生的创新能力，但有时基础学识不足。因此，东西两种文化都有其优劣势，很难说哪一种比较好，可能要看一个人的个性更适合在哪种体制下才能吸收最好的教育。

第五章
中国台湾骑行之旅

在大学联考结束以后，等待学校公布录取名单的日子里，我和我初中的四个朋友决定从台湾的北端到南端进行环半岛骑脚踏车旅游。我的母亲非常赞同我们的想法，并答应为我们提供旅行所需的费用。

我们五个人都有每天上下学用的单速自行车，所以不需要任何特殊的装备。旅行之前，我们准备了所能想到的一切东西。我们每人带了换洗衣服、水壶、洗漱用品和一些基本药物，收拾好之后，就出发了。

第一天的行程是从台北到新竹。我们沿着台湾当时唯一的高速公路骑行，一路玩得很开心，因为当时路上很空旷，没有太多的轿车和卡车。我们的路线中只有一段路比较难走，这段路的坡度很陡，我们不得不下车推行。一旦开始下坡，自行车向下滑的速度就非常快，我们必须集中精力控制自行车的方向和速度。骑行中，张藻的一个水瓶塞松了，掉在路边，我们也无法停下去捡它。八个小时之后，我们到达我表舅黄先生的家，他的家在新竹北郊的竹北村。他招待了我们一顿非常丰盛的晚餐。晚餐后，我们洗了澡就睡了。晚上大家都睡得很香。

第二天的行程是我们这次南征中最长的一段，共骑行了一百多千米。幸好一路平坦。我们还是花了接近十二个小时才到达目的地——台中。我们每个人都筋疲力尽了，大腿因为十二个小时的不断上下运动，沉重得抬不起来，仿佛断了似的。尽管如此，我们都坚持骑完了全程，到了台中郊外的陈文渊他叔叔家里。

　　第三天，我们都太累了，无法骑车继续南行，因此决定在台中休息一天。我们买了点东西，补充了一些备用物品，还去店里检查了自行车，给自行车上了点油。当然，我们也在台中享受了两顿大餐。

　　与第一天和第二天的行程相比，第四天的行程很短。我们花了不到四个小时就从台中骑到了嘉义。我们都非常期待嘉义这一站，因为可以去参观台湾最高的山脉——阿里山。当时的嘉义市长是陈文渊父亲的好友，他招待了我们，安排我们住在市政府的招待所里。

　　第五天是整个旅途中最精彩的一天。为了爬阿里山，我们大清早就搭乘了山地火车。火车开了八个小时后，停在了半山腰。我们原先不知道会有停留，趁这个机会，便去参观山里原住民的村庄。在去村庄的路上，要经过一座悬挂于两座山峰之间的铁索桥。这座桥是由两条大铁索和许多木板组成的。有些木板因为年久失修已经裂开或者脱落了。桥在大风中摇摆不定。我有恐高症，即使在朋友的协助下，还是非常艰难地走过这座桥。接近傍晚，我们到达了村庄。

　　村庄里到处洋溢着欢腾的气氛，因为正值他们一年一度的丰收庆典。市长和村长互相问候。有人提议，让我们和村里的年轻人打一场篮球赛。因此，我们五个人和两名当地的警察临时组成了一个队伍。村里的年轻人身体都很强壮，但是他们的投篮技术不是太好。我是我们七个人中最高的，因此担任了中锋。这对我来说是一个新的挑战。高中的时候，我个子很矮小，一向都是打后卫的。我在高三那一年，突然长了近一英尺①，长到快一百八十厘米。村里最强壮的小伙子是他们的中锋，个子比我还高。球赛中，比分一直咬得很紧。球赛快结束时，我队领先两分。他们的中锋拿到球，准备扣篮时，我全力跳起来给他"吃了一个火锅"，拿下了这场比赛。不幸的是，我落地的时候，踩在了对面中锋的脚上，扭伤了我的右脚踝。我当时非常痛苦，村民们在我扭伤的地方涂了一些草药来缓解我的痛苦。尽管如此，我还是瘸了好几天。没想到的是，我的不幸后来竟救了我，使我免受重伤，也使我免于在村庄里度过余生。

比赛结束后不久，太阳下山了，村民们点起了一堆篝火，开始了庆典晚会。他们边喝酒边跳舞，极为高兴。市长和村长坐在火堆的一边，我的四个朋友和我坐在市长旁边。我的脚踝很不舒服，因此我尽可能靠火近一些坐着。越来越多的人加入了跳舞行列。许多年轻的姑娘站起来，邀请男生跳舞。不时，一些男女会消失在树林里。舞步很简单，村里的小伙子们邀请了我的朋友们一起跳。我的朋友们答应了，还玩得很开心。我的脚踝痛，脚不能着力，不能加入他们，只能坐在一旁为他们加油。

突然，一阵欢呼声响起。村长的女儿，也是全村最漂亮的姑娘站了起来。她没有邀请男生跳舞，而是走过来坐在村长旁边，和她父亲说了几句话。村长看了看我，和市长交谈了几句。市长也看了看我，然后回了村长几

---

① 1 英尺 = 0.304 8 米。

句话。村长的女儿听到后，脸上很不高兴的样子，回到她的原座位。村里最强壮的小伙子走过去和她说话，她没理会，只是不停地摇头。后来市长告诉我，村长的女儿想邀请我和她跳舞。如果我当时接受了，就可能会面临一场与村里最强壮的小伙子的战斗。因为在这里，当两个男孩争夺一个女孩时，就必须要以战斗论输赢。这样的话，我很可能会输得很惨，因为村里的小伙子特别强壮。更糟糕的情况是，如果村长的女儿非常喜欢我，把我带到树林里去，我就会被村长留下来当他的女婿，成为下一任村长。还好，当时市长告诉村长，我脚踝受了重伤，路都走不了，不能和他的女儿跳舞。尽管那天晚上我疼得几乎无法入睡，我还是对我扭伤的脚踝感激涕零！

第六天，我一瘸一拐地走出了村庄。当我们再次到达铁索桥时，我犹豫了。村里最强壮的小伙子和村长的女儿走到我面前，一左一右毫不费力地把我抬着过了桥。当我们到达桥的另一端时，村长的女儿在我的脸颊上亲了一下，然后很快地跑回了桥的对面。她和小伙子手牵着手，向我们挥手告别。虽然这故事听起来像是拍电影或者童话里的情节，但它确实是我的亲身经历！

出了村庄，我们再次坐上火车。四个小时的车程后，我们终于登上了阿里山顶。我们住进了唯一的木屋，五个人挤一间。

第七天，天还没亮，我们就被一个警察叫醒了，他送给我们一些冬衣，让我们穿上，我们一起去山顶看日出。

当时天很黑，地上全是石头，我一瘸一拐地走到了目的地。我们坐下不久，天空与山的连接处就出现了一抹细细的橙红色光线。慢慢地，光线越来越粗，橙色的太阳露了出来。当太阳从地球的尽头完全升起时，一件我们没有想到的事发生了。天上的云都沉入了山谷，变成了云海，那是我第一次近距离看到那么多云。有的云像钱币，有的云像鲨鱼，有的云像狮子，凡是你能想到的东西，云都能变幻出来。在回程的路上，我们还看到了可能是全台湾最大的生物——一棵巨树。七个人手拉手才能把这棵树围起来。我问这棵树龄多大了，没人知道。我猜它一定有几百甚至上千岁了。一九七〇年，我回台湾的时候，他们告诉我那棵树被雷劈了两次，已经死了。当时我就想，所有有生命的东西，都不可能永生。

第八天，我们乘火车回到了嘉义市区。这三天在阿里山的旅行非常精彩且有意义，我们离开后还回味无穷地聊了几个小时，后来也和很多朋友分享了这段经历。

第九天，我们继续骑车南行，历经四个小时，到达了台南。我的朋友孙福华接待我们。他带我们入住了台湾糖业公司的会所。安顿好之后，他又带我们去了当地著名的永乐市场吃晚餐。永乐市场是台南最热闹的夜市，有许多当地特色小吃。那儿的空气中弥漫着当归的味道，因为当归鸭是当地最有名的一道菜。我们尝了一下当归鸭，味道确实不错。我的几个朋友喜欢吃炸牡蛎，但是我不敢尝试。我们还吃了一道很奇怪的菜，叫"棺材板"，就是在面包中间掏一个洞，把各种鱼、肉、蔬菜放进去，然后再炸至金黄色。"棺材板"味道还行，就是太油腻了些。

第十天，我们决定先不去高雄，留在台南，骑车参观附近著名的"安平古堡"。据历史记载，一位台湾将军在这个要塞击退了三次入侵的西班牙海军。这座堡垒是用黏土建造的，历经多年的风吹日晒，它已经破旧不堪了。但是，当年击退侵略者的古老大炮依然面对着大海，镇守着一方安宁。那天晚上我们吃了一顿有生以来最美味的海鲜大餐。

第十一天，我们骑车四个多小时到达了仅次于台北的台湾第二大城市——高雄。高雄是一个海港城市，到处都是货船，没什么值得游览的地方。因此，我们没有到处去逛，整理行李后就提早睡觉了，期待着第二天搭火车返回台北。

第十二天，我们带着自行车一起上了火车，经过十一个小时的车程，回到了台北，结束了我们的台湾骑行之旅。下车后，我们互相道别，然后就骑着自行车各自返家了。

对我来说，这趟旅行非常有趣并且意义非凡，它增进了我们五个人之间的友情。后来，这种友情持续了一生。大学和兵役结束后，我们中的三个，陈文渊、谢国成和我去了美国读研究生。张藻和王连欣则留在了台湾。张藻成了一位中学教师。王连欣则步他父亲后尘成了一名邮政局职员。我们一直保持着联系。我们一直想找机会重新聚一聚，但是那次旅行之后，我们五个人就再也没机会聚一起了。

后来我在台湾大学念书的时候，以这次骑行之旅为主题，用中文写了一篇两万字的关于这次旅行的故事，分成六个章节发表在我协助一位天主教神父主编的《慈音》期刊上。

第六章

台湾大学的生涯

当年台湾大学一年级新生的中、英文班，是以大学联考时的成绩，而不是以系别来分班的。因此，我被分在最好的中文班和最差的英文班。我原本是想成为一位中国文学小说家的，没想到最后却依靠我的英文水平在美国谋生。生活是如此的变幻莫测，在大多数的情况下，都不能如人所愿。

虽然我是农业化学系的学生，但是我们与化学工程系和化学系的学生一起上普通化学和实验课。化学工程系和化学系学生的高中化学基础要比我们强。因此，我们在上这门课时有些吃力，尤其在上实验课时，常常跟不上。幸运的是，我跟一位主修化学工程系的学生分在一组做实验。实验都是他做的，我只在旁边负责记录实验结果。我和他成了好朋友，多年来一直保持联系。后来我在美国研究院读书时，非常遗憾和他失去了联络。当时，我们旁边一组是两位农业化学系的女学生，一个叫曾南生，一个叫冯镒蓉。我想女同学应该是天生比较适合做实验的，因为她们很细心。当时做实验时，我们常向她们请教操作方法。

虽然我的成绩不是很好，但我还是通过了所有课程的考试。对我来说，最有趣也最难学的课程是有机化学。这门课是由一位有经验的德国教授讲授的。她非常耐心、认真地给我们讲课。但她的德国口音很重，有些地方我听不懂，我跟不上课。我决定努力学习以应付考试。期末大考之后，她公布了全班的成绩，我得了五十九分，是全班第三名。由于六十分是及格分数，所以大部分同学都不及格。她决定把每个人的分数用平方根乘十倍，以六十分为限。

因此，凡是分数在三十六分到六十分的同学都变成了六十分，我的努力也只换来一分。我当时感到很不公平，因为我可以不用努力学习，只要拿三十六分也可以及格。当时我没有想到，有机化学对我将来在研究院的学习十分重要。我的努力没有白费，为我后来在美国留学打下了很好的基础。事后我意识到，努力是不会白费的，只是回报不一定是在眼前的。这件事也让我意识到，许多表面上看起来相同的事物，实质上有很大的差别。就像当时有四十五名同学都得了六十分，但实质上他们所学到的知识有很大差别。

在大二的时候，我的两位高中同学陈枢和唐崇实转学到了农业化学系，我们成为农业化学系的"三剑客"。在大四的时候，每位农业化学系的学生都必须选择一位教授作为毕业论文的指导教师。我们三个人都选择了农药化学专长的陈玉麟教授。几年后，陈教授一家到加州大学校本部的伯克利分校进修。我们又见了面，我还和陈教授夫妇的两个孩子成了终生的朋友。

在大三的时候，我加入了农业化学学会的学生组织。我喜欢主持学会的活动，其中之一是担任《农化会志》的编辑。这些活动让我有机会与许多教授、同学交流。我还特别去了农学院院长室，采访了当时的院长马保之博士。一般大学生连院长是谁都不知道，我竟然这么大胆，直接采访院长。想不到后来我还和马保之博士有很多的联系。

除了农业化学学会的活动外，我在台湾大学并没有参加其他社交活动。一个原因是我比班上大多数的学生小一岁，因此班上同学都把我当小弟弟看待，尤其是女同学。在台湾大学的四年中我没有一次男女约会的经历。我又很受欢迎，因为我有时会在家里开舞会。当时台北没有夜总会、俱乐部等公共场所，只允许在私人住宅举办私人舞会。恰巧我家的客厅和餐厅彼此相连而且铺了硬木地板，非常适合办小型舞会。我母亲喜欢年轻人，所以她支持我在家里办舞会。一般来说，我只邀请我的高中同学和我台湾大学农业化学系的同学参加舞会。我小舅年轻时受过严格的交际舞训练，他常常教我和我的同学跳华尔兹和四步舞。

任筑山台湾大学的毕业照（一九六〇年六月）

　　除此之外，天主教会活动占用了我大部分的课余时间。在大二的时候，我母亲成了一位天主教徒。她要求她的四个孩子都接受洗礼，并给每人取了教名。我的教名是约瑟夫，因为这个名字与我的中文名字筑山发音相近。除了每周日上教堂做礼拜之外，我还加入了一位天主教神父的协助小组。这位神父是《慈音》期刊的主编，我除了在他弥撒时做他的辅祭外，还协助他编辑这本期刊。在这本期刊上，我发表了我中学时骑自行车旅游台湾的故事。

大学四年很快就过去了，我在台湾大学度过了平淡却有趣的四年。当时台湾所有大学毕业的男生按规定都要服十八个月的入伍训练。服役的第一阶段是大三结束后的暑假三个月。一九五九年，我在"竹子坑"山区营地服役期间，正碰上台湾有史以来最大的海水倒灌"八七水灾"。当时，山脚下的好几个村庄都被海水淹没了，洪水甚至冲进了我们的营地。我们与外界失去联络好几天。幸运的是，我们营地没有人受伤，只是断绝了两天的粮食。我们只能在野地里找野菜充饥。

我一九六〇年六月从台湾大学毕业后，就被任命为台湾陆军少尉的预备军官。我的第一份工作是在高雄凤山镇的陆军步兵军官校担任数学教师。我会打篮球，因此被选为教师篮球队的球员。还有一位篮球打得很好的球员叫唐亢。他是成功大学毕业的。我们一起打了好几个月的篮球，成了好朋友。周末放假时，我们经常一起去凤山镇或是高雄市区打台球和吃饭。后来，我们在加州伯克利时一起住一个公寓。他还是我一九六五年结婚时的伴郎。

在陆军步兵官校工作一年以后，我被分配到凤山镇的第二军团火头军当少尉官，管辖军团的伙食。每天厨师问我今天想吃什么，他们就特别烧给我吃。这是我在台湾吃得最好的三个月。我在部队这三个月发生了一件有趣又惊险的事。我们奉命从凤山镇全副武装徒步三个小时到高雄附近沿海地区待命一星期，在没有被调遣的情形下，又徒步返回基地。后来得知，我们是作为美军后援团准备被空运到柬埔寨参加越南战争的"自杀部队"。因为美军要我们从背面攻击北越军队，可是又不承认我们的存在，以免国际公谴，所以是准备我们全队牺牲的。我想，如果我们当时真的被派往战场，我不可能活着回来。这个传言，是否真实就不得而知了。

我在一九六一年十月服满十五个月兵役之后退伍，当时已经来不及去美国读秋季班了。我许多同学在年底前去了美国读春季班。我决定留在台湾大学陈玉麟教授团队担任讲师。我担任的是农药化学和普通生物化学的实验教师。农药化学实验课是小班制。当年我生物化学学得不好，因此在带生物化学实验时遇到不少难题。幸运的是，原来教这门实验课的讲师正在台湾大学进修，他答应把他上课的讲义借给我用。因此，常常在第二天上课之前，我必须认真研究他的讲义。普通生物化学实验课是农业化学系三年级学生的必修课，人数相当多。我记得当年我在美国的姐姐和二舅妈给我寄了一些漂亮的袖扣。当我在黑板上写字的时候，袖扣就会露出来。后来有人告诉我，班里的女同学给我起了个外号叫"花花助教"，意思是纨绔子弟，听起来极为不敬。其实，该班有几位女同学聪明、漂亮，功课又好，有两个对我很有好感。当时，身为教师不可以与学生约会，因此我没有约会过任何女同学。

我很喜欢我前后五年在台湾大学的生涯，主要是因为我经历了很多不同的事情，也学会了如何才能成功地领导他人。我学会了和许多人合作来完成不同的任务。这些能力自然而然成为我各种技能盒中的一部分。中国有句老话："活到老，学不了"，我想我在台湾大学的生涯充分体现了这句话。

第七章

华盛顿州立大学的生涯

　　在台湾大学担任助教的最后一段日子里，我开始申请美国高校的研究生和奖学金。很幸运，我申请的十所学校都录取了我，其中六所提供助教奖学金。在一位英语教师的建议下，我选择了华盛顿州立大学。一方面，他们让我在乳品科学系做助理研究员，提供的助教奖学金最高。另一方面，他们可以为我提供用于交换访问学者的 J－1 签证。根据那位英语教师的说法，J－1 签证比普通学生的 F－1 签证更容易通过美国大使馆签证官的面试。作为一个英文不好的学生，我在不知道 J－1 签证限制的情况下接受了她的建议，轻松通过了签证面试。

　　当时我记得的另一件事情是，我母亲让我向父亲要从台湾到美国的机票费用。我当着祖母的面向我父亲提出了要求，在祖母的催促下，父亲同意给我买机票。当时我对他说："我是向您借这笔钱的，以后会还的。"然而，我还没来得及还父亲机票钱，他就去世了。这是我一生中极少数答应别人却没做到的事情。

　　一九六二年，二十三岁的我从台湾前往美国，开启了我的"世界之旅"。我带着母亲给我的五百美元，登上泛美世界航空公司的飞机，途经琉球岛，然后飞往东京过夜。在东京，我遇到了一位日本笔友——远藤靖子。她是东京郊区的一名英语教师。她带我参观了著名的东京铁塔。在她的帮助下，我买了一台索尼收音机和一台佳能相机。我至今还留着收音机和相机。我记得我的机票包含一晚日式酒店里"榻榻米"式房间的住宿。日本旅馆的服务人员不会说英文，她按照日本的传统礼仪，跪在榻榻米上，给我准备早餐。然后，我坐飞机到了夏威夷。当我到达夏威夷的旅馆时，餐厅的女服务员问我："我能帮你什么吗？"我当时不明白她的意思。她看到我的表情很迷惑，就问我："你想要喝茶还是咖啡？"我回答："我只是想吃点东西。"她给我看了菜单，大部分菜我都不认识，所以我就让她点她觉得好吃的。那是我第一次吃沙拉和汉堡。我心想，美国人难道把草当饭吃？在中国，我从来没有吃过生的蔬菜。

任筑山被选为华盛顿州立大学杰出校友的奖状（二〇〇四年六月）

接下来，我从火奴鲁鲁飞到了西雅图，参加我台湾大学农业化学系同学的婚礼。我没有想到在美国，一个人要为自己的婚礼做所有的事情。新郎不得不在教堂婚礼之前来机场接我。我参加完婚礼，在第二天飞往纽约之前，因为我对美国习俗的无知，还在这对新人的新公寓里住了一晚，为此，我愧疚了很长一段时间。在纽约，我在姐夫乔治的父母位于长岛的房子里住了三晚。我第一次体验了地铁，看了著名的无线电城音乐厅的"踢大脚"表演，参观了中央公园和大都会博物馆。我还坐火车去了纽约的波基普西市看望我的叔叔和婶婶。我和叔叔在电视上看了一场长达 14 局的棒球赛。当时我觉得这种美国认为是国宝的职业棒球赛实在是太无聊了。

在纽约待了一周后，我飞去了华盛顿州的斯波坎市，然后坐灰狗巴士到了普尔曼。我的导师艾须·吾斯教授到车站接了我，他带我到研究生宿舍，帮我安顿下来。

研究生的第一学期，我住在宿舍里，因此交到了很多朋友。我记得有一天，几个同学在我的房间里谈论学校的事情。突然，另一个同学进来问："在煮什么？"我很疑惑，因为当时我什么也没煮。后来，他们向我解释说，这是一个俗语，意思是在干什么。我突然意识到，关于英语，我还有很多知识要学。我们宿舍里有一台电视机，我经常看电视。有一次鲍勃·霍普主持奥斯卡颁奖典礼，他说："鲍勃·肯尼迪应该获得最佳制作人奖。"除了我，整个房间的人都哄堂大笑。我很不解，最后有人告诉我，鲍勃·肯尼迪有十个孩子，制片人这个词可以两用，指他孩子多。这件事后，我开始逐渐了解美式幽默。

那时，我们在宿舍里的一个娱乐活动就是打桥牌。因为我有基础，所以我是宿舍里的最佳牌手。我每周还去参加当地的复式桥牌比赛。如果排在前三名，我就能够获得美国桥牌协会的积分。有一次，一个同学邀请我去参加在斯波坎市举行的地区锦标赛。他有车，我们从普尔曼开车去斯波坎市，大概两个小时的车程。锦标赛的队员有两百多桌。经过两天的比赛，我们在双人公开赛中名列第四。在这一轮比赛中，我得到了五十个红色积分。一个人必须获得三百积分才会被美国桥牌协会命名为大师，并且其中的一百积分必须是在地区或者国家锦标赛中获得的。我没有再追求大师的荣誉称号，因为在接下来的日子里，我没有时间参加更多的锦标赛。

美国所有的大学都有自己的吉祥物和校色。华盛顿州立大学的吉祥物是一只美洲豹，校色是深红色和黑色。当我第一次知道这些的时候，我很惊讶，因为同学们对这种校园文化特别热情，并热切地投入比赛当中。在美式足球比赛中，许多学生都会把自己的脸画成美洲豹，或者把文字涂在自己的身上，或者穿上带有校色的衣服。足球场的学生区就是一片校色的海洋。后来我才了解到，大多数美国人对他们的母校感到非常骄傲，他们愿意终身积极参加学校的比赛和活动，为学校的体育事业做贡献，这样学校也可以招募到有潜力的运动员来赢得比赛。许多美国人也把对球类运动的热爱延伸到他们的城市居住项目中。这是一种美国文化。如果一个移民不了解美式足球比赛的规则，不具备这种精神，那么他就很难成为一个真正的美国人。

我的英语基础很差，所以在华盛顿州立大学的第一个学期过得很艰难。第一学期最重要的一门课是食品加工原理。当我第一次参加考试时，一共有四个问题。其中一个是如何加工一种叫红萝卜的蔬菜。我不知道红萝卜是什么，于是问了教师。他不敢相信竟然有人连这个都不知道。他试图向我解释，那是一种块茎类蔬菜，外面是红的，里面是白的。他的解释对我来说没什么用，因为我也不知道什么是块茎类蔬菜。自然，我考试没及格。后来我去超市看了红萝卜，了解红萝卜到底是什么。随着我英语水平的提高和对美国生活了解的加深，我的成绩也逐渐提高了。第一学期末，食品加工原理课我得了 B。对于研究生来说，B 只是及格线。在另一个一学分的研讨会课程上，我也得了 B，因为教师不喜欢我的英语发言。

然而，我在食品微生物课上遇到的才是真正的问题。微生物的学名很长，很难记。在实验课上，我也遇到了困难。因为在台湾，我没有见到过类似的实验设施。幸运的是，我的实验搭档是一位微生物学专业的女生。大部分实验都是她做的。尽管如此，我还是没有通过实验操作考试。最后，这门课我得了 C。对研究生来说，这是不及格的成绩。

想要继续在华盛顿州立大学学习，我所有课程的平均分必须达到 B，否则我将被取消研究生资格。我第一学期上的最后一门课是生物统计学。很幸运，我很快就掌握了统计学的概念，得了 A。因此，我可以继续我的研究生生涯。

在第二学期和之后的几个学期里，我没有再遇到什么困难，大部分课程都得了 A。我也很好地按照艾须·吾斯教授的指导，努力做实验，按时完成了硕士论文。在他和我美国同学的帮助下，我的论文后来在《乳品科学》期刊上发表了。

第二学期，我搬到了学校的已婚学生宿舍。那是由第二次世界大战遗留下来的平房改造成的公寓。当时没有足够的已婚外国研究生，所以学校允许两名单身外国研究生合住一套公寓。我的室友是一个埃及人。我们可以在宿舍做饭吃。因为他不会煮东西，所以每次都是我做饭，他洗碗。但是他洗碗也洗得不好，我常常不得不重新洗一遍。后来我才知道，他来自埃及皇室。在来美国之前，他从未进过厨房。

一九六三年的夏天，我攒够了钱，买了一辆二手的一九五六年的福特车，生活变得有趣了，因为我可以开车去任何地方。我也从宿舍搬到了外面的出租房，与另外四名学生合住。其中一个是我附中的同学王建华，我们同一年级但不同班。另一个姓张，是来自加拿大的华侨。另外两个是本科生，一个来自香港地区，另一个来自马来西亚。我们每天轮流做饭。我努力回忆我们家在台湾的扬州厨师做的菜，并尝试着做出来。由于当地缺少做中国菜的原料，我只能在超市找其他调料替代。有些菜做出来还不错，我也成为一名不错的厨师。

我在普尔曼的日子相对较短，只有两年，但它对我的人生非常重要。不仅仅是因为我在那里学到了很多关于美国文化和美国生活方式等的知识，更因为我在那里遇到了我的太太方心伟。

我的导师是一位和蔼的老教授。他对我很耐心，告诉

我如何开展研究项目。我从他那里学到，所有的研究项目
都有关键的步骤。我需要更多地关注并且花更多时间在关
键点上，这是一个适用于生活中大多数事情的概念。他还
在过节的时候邀请我到他家吃饭。我因此有机会认识了他
在上大学的儿子和上高中的女儿。我从这些经历中了解了
很多关于美国家庭生活和文化的常识。我一直都想回到普
尔曼，再和他家人见面。不幸的是，我在伯克利的时候，
他去世了，我与他的家人失去了联系。当我二〇〇二年回
到普尔曼接受研究生校友成就奖时，我也没有找到他的家
人。他们一定是从普尔曼搬走了。

此外，我还认识了汤姆和简·美洛斯基。汤姆是禽类
专业的学生，我们一起上了很多课。他帮助我了解了一些
课程的概念。他们经常邀请我去他们公寓吃饭。简·美洛
斯基是一名高中英语教师，她会很耐心地教我英语语法、
句子结构和词汇应用。在普尔曼的日子里，我的英语有了
很大的进步，很大程度上要归功于简·美洛斯基的帮助。
我们很多年保持着联系。

对于我事业的成功，我要特别感谢我的太太方心伟，
感谢她的耐心、善良和鼓励，最重要的是她为我们的家牺
牲了自己的事业。她是我们家的无名英雄。

我生命中最重大的事情发生在我待在普尔曼的最后几
天里。在我完成华盛顿州立大学的硕士论文后，我决定留
下来参加毕业典礼，这样我就可以拍照给我母亲看，以证
明我完成了学位。恰好，方心伟来普尔曼探望她的朋友。
她的朋友正忙着准备期末考试，于是就问我是否能够接待

一下方心伟。我欣然答应了。我开车带着她在附近的城市逛了一圈，去了当地的超市，还看了一场汽车电影。我们相处得非常愉快，决定离开普尔曼后通过邮件保持联系。

当我获得研究生校友成就奖时，我把我在普尔曼遇到方心伟的故事告诉了所有的教职员工和学生。我对他们说，我以为她的好朋友只是让我照顾她几天，没想到她指的是一辈子。大家听后都笑了。在后来的几年里，我遇到了几位华盛顿州立大学的教师。他们告诉我，大多数获奖者他们都不记得了，但每个人都记得我，因为我讲了方心伟的故事。

从华盛顿州立大学毕业后，我被加州大学食品科学教授高登麦·肯尼录取为他的研究助理。他是美国乃至全球天然食品色素专家。我开车去伯克利，中途去俄勒冈州的尤金市看望了方心伟和我的初中同学谢国成。在伯克利，我遇到了我的篮球老友唐亢，我们合租了一间公寓。

在多次邮件往来之后，我爱上了方心伟，一直想去俄勒冈州的尤金市见她，那里离伯克利有七百英里①。平时，我没有太多的空余时间，但有一个周末晚上，我开着我的福特车去了尤金市。五号州际公路上没有多少车，因此，我开车速度达每小时八十英里①，中途只加了一次油。当我开到俄勒冈州和加利福尼亚交界处附近的山区时，公路上的雾很大。我的能见范围只有二十英尺②。我决定紧靠着四车道中间的白色车道以每小时八十英里的速度行驶。

---

① 1英里＝1.609 344千米。
② 1英尺＝0.304 8米。

幸运的是，路上汽车很少。最后，我到了方心伟在尤金市的公寓。她的室友是一位美国老太太。她听到我在州际公路上开那么快，非常震惊。第二天回伯克利，我将车速放慢到了七十英里。当我驾车越过俄勒冈州边境的山丘时，看到一辆警车从另一边开来。从后视镜里，我看到它停在路边，然后掉头来追我。我踩下刹车，把速度放慢到三十英里。当他快追到我时，我加速到六十英里，他跟着我开出了好几英里，最后拉响了警笛，叫我停车。我平静地摇下了车窗，问警察怎么了。那时候，警察必须出示超速证据。但他没有证据，只能说："我开车路过，看到你好像年纪还太小了，不能开车！"我给他看了我的驾照，证明我已经二十四岁了。他不能给我开罚单，而且不得不把我放走。

在华盛顿州立大学的两年，奠定了我之后在美国生活的基础。由于环境的原因，我深深地融入了美国人的生活方式。而我大多数住在大城市的台湾同事和朋友都没有接触过这种美国文化。一个人要想在外国生活，并试图进入美国人的内部圈子，就必须要了解当地文化。我很高兴我有机会在华盛顿州立大学生活。在那里遇到了心伟，也正因为这个原因，华盛顿州立大学一直是我在美国最喜欢的学校。

第八章

加州大学的博士生涯

在伯克利分校的五年生活对我来说意义重大。在这期间，我经历了人生的三件大事，分别是：与方心伟结婚；获得博士学位；第一个孩子任柏怡（身在伯克利[①]、心在台湾的意思）诞生。

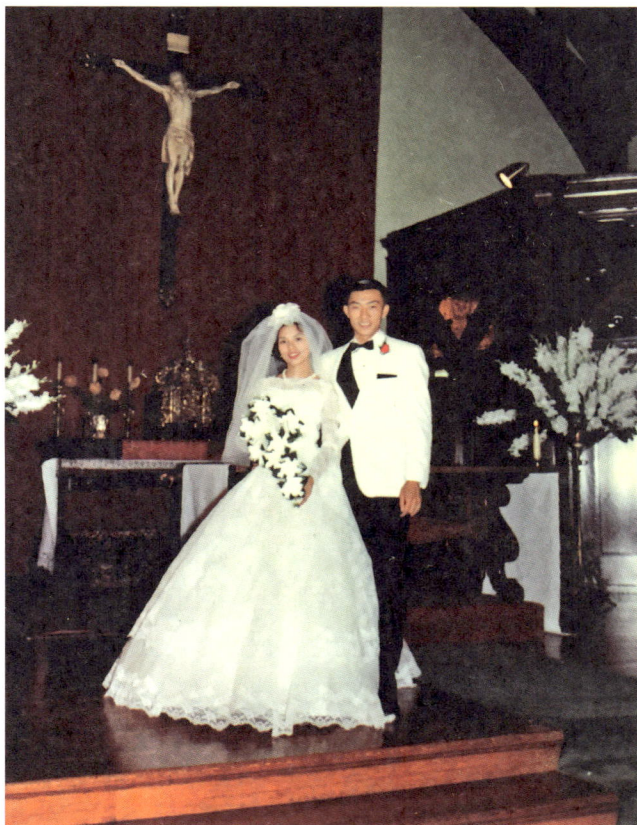

任筑山与方心伟的结婚照（一九六五年九月）

————————

[①]　当地华人习惯称为柏克莱。

一九六五年九月四日，我和方心伟在纽曼教堂举行了婚礼。这是中国学生经常去的一个天主教堂，因为这里的天主教神父对中国学生很友好。其他教堂就不那么友好了，有的教堂甚至不让中国学生进入。那时美国对亚洲学生的歧视是很明显的。婚后我们搬进了钱宁路一九三七号，房东是一对老夫妇，住在楼下，我们住在二楼。

在伯克利分校，我们经历的第一件事是自由言论运动。当时很多学生和社会人士常在学校行政楼前的台阶上发表演讲。国家和地方电台的摄像机队成了大楼前的标志物。当时被称为"嬉皮"的一些演讲者和旁观者，带着他们的狗一起跳进了大楼前的喷泉池里，很不雅观。有时这些人还会在校园里举行游行示威活动。这些活动都没有影响到我的研究生生活，因为我的实验楼和上课楼都在校园的西南角，而这些活动都集中在校园的东北角。偶尔，我会步行去行政大楼对面的学生会大楼的咖啡厅。我买了午餐，找个靠窗的座位坐下。咖啡厅的落地窗，是观看抗议者活动又听不到噪声的完美场所。我和方心伟还去过学校行政大楼附近的电报大街吃饭。在那里，我们会遇到一些穿着精美的嬉皮客人，我想他们应该被称为"披头"。我记得我们碰到过一个家庭，父母和孩子们都披着相同的漂亮毯子，毯子上面有一个洞，从洞里可以把头伸出来，看起来相当有趣。

我的博士生导师麦金尼博士，是伯克利分校一位有名的老教授。他是加州大学食品科学与技术系三大知名教授之一。当年，伯克利分校决定把所有农业类专业转到戴维斯分校时，这三位老教授都不愿调去戴维斯分校，就留在营养科学系一直工作到退休。麦金尼博士认为，他的学生要想获得博士学位，就必须在他众多研究领域中的某一方面超过他。这就是所谓的科学进取精神。但他是研究天然色素和食品添加剂的世界知名专家，这个要求对他的学生来说很不容易。我的论文研究方向是叶绿素化学。我需要学习量子化学，建立专门的气相色谱分析方法，并用电脑来完成我的研究工作。我的这项研究成果发表在《光化学与光生物学》期刊上，但这和我想从事的食品科学与技术领域相去甚远。我的博士学位是比较生物化学，这意味着我必须满足生物化学博士毕业所需的条件，包括应该掌握的课程、语言能力以及研究技能等。不同的是，我的导师不是生物化学系的教授，所以我的学位叫比较生物化学。我必须学习用法语和德语两门语言来阅读和翻译科学论文。如果我是营养科学系的学生，我就可以把中文作为两门语言之一，但生物化学系就不行。我的法语学习没什么问题，却花了六个月的时间刻苦学习德语才通过了翻译考试。

加州大学对生物化学课程的要求非常严格。"普通生物化学课"，尽管我在台湾大学和华盛顿州立大学都已修过这门课，还是必须重新选修。我原本以为这门课我能轻松得 A，但我只得了 B。这说明上这门课的学生水平都很高，这其中很多学生还是第一次上生物化学课。我从这门课上确实学到了很多知识，为我以后的职业生涯打下了坚实的基础。"酶化学及实验"这门课对我的帮助也很大。

我记得为了结晶一种酶，我在实验室不眠不休工作了三十六个小时，才完成这项任务。令我惊讶的是，有些学生在几个小时内就完成了。难怪加州大学的生物化学系培养出许多杰出的世界生物化学家和诺贝尔化学奖获得者。

在伯克利分校读书时，我的祖母在台湾去世了。我非常伤心，因为祖母很疼爱我，给过我很多保护。我从祖母的遗产中分得了二百美元。我想祖母的每个孙子都分到了相同数目的钱。我用这笔钱买了两股国际商业机器有限公司的股票。在过去的五十年里，它们变成了四十八股。我想我不会卖掉它，我会把它传给我的儿子，作为对祖母的纪念。

有次我看到了一个石油公司的新股票正在首次公开发行。我用存下的钱买了一百股。两周内，这股票价格上涨了六倍多。我把它卖掉了，赚了不少钱。卖掉之后，这股票在两天内就跌回原来的价格。有趣的是，股票经纪人还来我家采访我，问我是怎么知道股票价格会下跌的。我告诉他这纯粹是运气，因为我对股市一窍不通。这个故事在我的脑海里萦绕了很多年，并激发了我对股票市场的兴趣。在我退休后，它成了我的爱好。由于我善于快速做决定和我的直觉，我退休后从这个爱好中赚了不少钱。

我和方心伟在钱宁路住了五年，那里有我们的很多回忆。这套公寓是两室一厅的，还有一间大厨房。我们请过很多朋友来家里吃饭和打麻将。那时房东太太家里有一台当时很少人有的彩色电视机。他们喜欢年轻人，常邀请我们一起看电视。那台电视机的颜色像是一种涂料。我记得那时我们最喜欢的节目是"西部武打片"。

加州大学的研究和学习任务很繁重,这给了我很大的压力。因此,我得了严重的头痛和胃溃疡。幸运的是,我的胃溃疡发现得比较及时,只在十二指肠壁上形成了一小块溃疡。医生说可以通过药物治疗,而不用开刀。经过几个月的治疗后我康复了,也没有后遗症。

我人生中的第二件和第三件大事在九个小时内相继发生。方心伟生柏怡的预产期是一九六五年六月八日,而我的博士论文答辩安排在六月一日。柏怡可能是个争强好胜的女孩,我想她是想要打败我,所以她提前一周出生了。在五月三十一日晚,方心伟开始腹痛。我把她送去奥克兰的恺撒医院。柏怡在零点过几分出生。在看完方心伟后,我回到家,久久不能入睡。我的论文答辩时间是六月一日上午九点,答辩如期进行。答辩委员会一共有四位教授(两位来自生物化学系,两位来自营养科学系)。我很担心生物化学系的教授,因为听说他们通常会向非生物化学系的学生提出很难的问题。结果我的情况正好相反。生物化学系的教授开始确实问了我几个问题,但我回答得很好,所以他们没再继续问了。营养科学系的两位教授利用这个机会,不停地问我各种各样的问题。我不记得当时是怎么回答他们所有人的问题了。原定两个小时的答辩最后持续了三个小时,到中午才结束。我匆匆吃了点东西,就赶去恺撒医院。到医院之后,才知道方心伟昨晚大出血,还在重症监护室。医生和我讲了事情的具体经过。方心伟在生柏怡时难产,失血过多,所以留在了重症监护病房观察。

他们允许我抱着柏怡去重症监护室看望方心伟。方心伟这是第一次见到柏怡，很高兴。她告诉我她做了一个奇怪的梦，梦见自己的身体飞到了窗户边的天花板上。窗外，一个老人向她招手，让她和他一起去天堂。方心伟告诉他，她不能随他去，因为"筑山在等我。他一会儿就来"。我认为医院对我的妻子照顾不周，为她接生的是一名实习生。后来一些美国朋友说，我们可以以照顾不周起诉这家医院。但我们不知道该怎样起诉，我也确信医院会为了保护那位实习生而否认事情的真相。

博士毕业之际，我开始找工作。最初投的二十多份简历都没有结果。我想我的简历可能需要修改。我请了在加州大学的美国同学帮我修改简历，并教我使用恰当的表达方式。申请每一份工作的简历都应该是量身定做的，而不是使用统一的标准模式。之后，我开始收到回应。最终，我共得到了六次不同形式的面试机会，并收到了五份录用通知。其中有三份是博士后工作：一个是在纽约州普拉茨维尔的纽约大学从事植物生物化学研究；一个是在加拿大纽芬兰纪念大学研究鱼类生物化学；还有一个是去美国农业部的加州帕萨迪纳果蔬化学实验室研究胡萝卜素。另外，在约翰·霍普金斯大学的一位教授给我提供了一份有趣的工作，研究维生素 A 的代谢过程。维生素 A 在化学结构上与胡萝卜素相似。这份工作的地点是泰国曼谷。研究助理的薪水够我们住在曼谷，还可以有女佣和司机。最后一份工作是在南卡罗来纳州州立克莱姆森大学担任助理教授。

　　我与心伟商量之后，决定接受克莱姆森大学的录用。
除了提供职位外，这所大学还答应帮我申请美国的永久居
留权。由于我持有的是交换学者的 J－1 签证，所以在我完
成博士学位后，在美国待十八个月，必须离开美国，两年
后才能重新申请来美国。这样在曼谷的两年工作对我就非

任筑山穿着博士服与方心伟和柏怡的合影（一九六九年六月）

常有吸引力，因为它符合 J-1 签证的要求。我不确定克莱姆森大学是否知道 J-1 签证的要求。但他们有一个我不知道的秘密武器。克莱姆森大学兑现了他们的承诺，邀请了美国国会资深且有权势的参议员斯特罗姆·瑟蒙德作为我的推荐人。我在克莱姆森大学工作一年后，也就是在一九七〇年，就获得了美国的永久居留权。我觉得我很幸运，因为如果在其他大学，学校是没办法帮我申请到永久居留权的。我们在申请到永久居留权的七年后，申请了美国国籍，并且得到了批准。我和心伟于一九七七年正式成为美国公民。

我们在离开加州飞往南卡罗来纳州的那天，有点伤感，因为伯克利是我们的第一个家。我们将远离许多亲密的朋友，前往一个完全陌生的地方，一个人也不认识。当我登上飞机离开加州前往南卡罗来纳州时，我的学生生涯结束了，我将步入社会，为生活和前途展开奋斗。对我们来说这是一次冒险，尽管它最后成了我们生活中的一笔巨大的财富。我这样讲是想说一个思路：人不能害怕走出自己的舒适生活圈，要敢于面对人生新的挑战。因为越是难的挑战，越能发挥自己的潜力，也越快使自己成长为更完善的人。

第九章

克莱姆森大学的生涯

美国人在十九世纪初就有成立"农民大学"的呼声。一八六二年，一位叫奥斯汀·莫喏的参议员提议成立美国农业部，他又提出第二项立法——成立赠地大学。其目的是由联邦政府赠给每州若干土地，各州政府可以把土地出售，得到的款项用于建造赠地大学专注于农业和机械专业的研究以利农业长期的发展。

一八七二年莫喏参议员又建议立法给每州赠地大学一批联邦的经费用于主持赠地大学的教学、研究和推广。一八八七年，一位美国参议员建议立法对联邦政府给每州赠地大学的研究和推广经费统一由美国农业部每年提出研究和推广方向和题目。他又同时提议立法联邦经费的十分之一必须用于区域性的研究项目，目的是促进赠地大学农业研究的州际合作。

克林姆森大学是南卡罗来纳州的赠地大学，我在克莱姆森大学和我这一生的事业都受到上叙区域研究项目的影响。在我刚被克莱姆森大学录用时，两个海区研究项目没有分配给任何人：一个是水果保鲜研究，一个是蔬菜保鲜研究。我就接手了这两个项目。每个项目都提供资金聘请技术员，支持两名研究生的奖学金及购买各种实验物品。因此，我拥有了两名全职技术员、四名研究生、一些本科生和这些项目实验所需的研究经费。在任何大学里，很少有新的教授能够不撰写冗长的项目申请书来竞争机构和企业的资助就拥有如此强大的财务支持。

这两个海区项目都属于美国东北地区，因此我们每年的年会就在美国东北部的州立大学举行。每个州农业实验站的首席研究员必须在年度会议上做年终报告。第一次参加这个会议的时候，我大开眼界。所有来自其他州的首席研究人员都是领域内资深的著名教授，我是唯一的助理教授，但那些经验丰富的教授都非常喜欢我，因为在他们例行的年度会议上，我就像是一股新鲜的空气。尽管我的报告比其他农业实验站的报告差很多，但他们都对我非常友善。他们不仅指出了我研究中可以改进的地方，还为我提供了他们农业实验站的材料和资源，使我的研究结果得以在短时间内达到在国家期刊上发表的水平。他们还帮助我加入了一些专业协会，这通常是经验丰富的研究人员才能获得的荣誉。因此，这些海区项目不仅启动了我的研究，还给我机会认识了领域内许多知名科学家。其他农业实验站的助理教授是不可能有这样的机会的。

在第一次蔬菜保鲜项目的会议上，我遇到了一位油脂专家，他是新泽西州罗切斯特大学的张驷祥教授。他告诉我，中国台湾相关部门要求他成立一个由生活在美国的华裔科学家组成的食品工业研究与发展顾问委员会。我们在为时三天的会议上讨论了此事，最后向中国台湾相关部门推荐了九位科学家。顾问委员会迅速成立，我们每年都会在罗切斯特大学或是其他地方开会。当时，台湾经济还没有起飞，食品加工业是台湾经济发展的六个关键领域之一。农产品和加工食品的出口对台湾的农民和外汇基金很重要。记得有一次我在南卡海边城市主持会议时，当时的一位中国台湾行政部门的负责人还从台北赶来参加会议。我们除向中国台湾相关行政部门提供建议外，一九八〇年还在台北举办了不少国家和地区参加的食品科学与技术研讨会。

除这个委员会外，我还另外参加了美国华裔工程师学会每两年举行一次的美国与中国台湾会谈。一九七六年和一九七八年，我带领四位食品科学家在台湾交流了两个星期，考察了当时的食品工业，然后向中国台湾行政部门长官提供报告，指出工业界的困难地方和改进方法。

我们刚到克莱姆森大学的体验不是很愉快。当我们离开加州时，气温是七十五华氏度，湿度很低。但当我们到达克莱姆森大学时，气温是九十五华氏度，湿度是百分之九十。柏怡实在是太热了，她问我："爸爸，我们可以回家吗?"

一开始，我们住在学校的职工宿舍里。那是一栋由第二次世界大战留下的军营改造成的两居室木制房屋。我们不得不急忙买空调来避暑。食品科学系主任带我去买车，我当时没有意识到车里没有空调。他想得非常周到，为我们提供了一张婴儿床和一张成人床，加上我们带来的以及买的一些家具和厨房用具，我们在美国南部的新生活就由此拉开了序幕。逐渐，我们了解到，与加州沿海地区的人民相比，美国南部人民非常虔诚和爱国。美国南部浸信会是美国南部最主要的教堂。但是，当时种族隔离仍然非常严重，白人去白人的教堂，黑人去黑人的教堂，甚至连公共汽车白人和黑人都是分开坐的。尽管联邦反种族隔离法在一九六二年就通过了，但在当时，公车上仍然是黑人坐在后面，白人坐在前面。

还有一件事更能体现出当时种族隔离的严重性。当我填写克莱姆森大学的人事表格时，发现表格一栏需要填写人种。其上面只有两个选项：白色和有色。我问系主任，我应该填哪个，因为我是亚裔黄种人。他说："哦，不，你填白人。有色是给'黑人'填的！"

我们在克莱姆森大学经历的第一个足球赛日令人震惊。当天我们去超市购物，当我们从超市出来时，警察正在将所有车辆都指挥到足球场的停车场。我告诉警察，我们需要向另一个方向回家，但他们不理会我，仍然命令我到足球场停车。我们只好停了车，拿着东西徒步走了一英里回家。等到足球比赛结束时，我们回到停车场开走了我们的车。我开始意识到美国大学美式足球比赛的校园精神。由于我喜欢篮球，而克莱姆森大学是全国最好的篮球协会——大西洋海岸协会的成员，所以我买了两张克莱姆森大学的篮球比赛季票，从比赛中我领悟到了真正的校园精神。我发现融入这种校园精神对成为真正的校园成员至关重要。到目前为止，我们全家仍然喜欢在电视上观看克莱姆森大学的球类比赛。

我们一直过着勤俭的生活。在存够了钱之后，我们购买了郊区的一幢旧平房。使我感到惊讶的是，给我们贷款的银行在合同中要求我们在出售这幢房子时，必须经过银行的同意。我问了银行的工作人员，他告诉我："这是一个标准条款，所有银行都有这项条款，我们只是不希望您将房子出售给黑人。"在二十世纪六十年代和七十年代，南方的美国人对黑人的歧视依然很严重。

克莱姆森大学的人对我们很好。他们当我们是客人，而不是圈内人。我们在克莱姆森大学交的大多数朋友都是

北方人或外国人。我们的邻居来自威斯康星州，是一对很
了不起的夫妇。他们自己有两个孩子，但前后收养了十六
个孩子。后来他们被选为南卡罗来纳州最佳的社会服务家
庭，并应邀参加了华盛顿白宫的宴会。我们的朋友中有一
个叫海尔冰博士，他来自威斯康星州，是美国农业部农业
实验站的南方主管。他喜欢我对食品科学技术的热情，为
我提供了一些非常难得的与美国农业部的项目合作的机会，
并使我成为农业研究计划基金开发小组的成员。农业研究
计划后来成为美国农业部最主要的自由竞争补助项目。他
的妻子在克莱姆森大学食品科学系担任感官评估技术员。
他们的两个女儿就读于克莱姆森大学的食品科学专业。后
来，我有机会协助他的大女儿完成了她在康奈尔大学的博
士论文。为了表示感谢，她在论文首页上写道："本论文
得力于任博士的多方帮助，没有他也就没有这篇论文。"

　　我女儿柏怡是个聪明的孩子。她学知识很快。小学教
师想让她乖乖上课的唯一方法就是让她当小助手。柏怡学
过钢琴，她只用了九个月的时间就学会了我最喜欢的曲子
《致爱丽丝》。钢琴教师说，其他孩子要花三年的时间才能
学会。她第一次参加当地中小学钢琴比赛就获得了第一名
（从来没有一个小学生赢得该项中小学钢琴比赛奖）。克莱
姆森大学许多人都只知道心伟和我是柏怡的父母，而不知
道我们的名字。

　　心伟是一位意志坚强的女士，她决心要生一个儿子，
以便为我们任家"传宗接代"。但她在生了柏怡之后就无
法再受孕。当地附近的镇上有一位在日本工作过十年的妇

柏怡赢得克莱姆森市中小学的钢琴比赛冠军（一九七六年四月）

科医生。他告诉心伟，在亚洲，有一些妇女的卵巢会在生过一次孩子后向后倾斜，很难再受孕。他给心伟做了一个小手术，纠正了卵巢的位置。不久之后，心伟就怀孕了。不知道为什么，她这时突然患上了甲状腺功能亢进症。医生建议她最安全的治疗方法是先流产再进行外科手术以缩小甲状腺。心伟拒绝了，她选择继续妊娠。她接受了放射性碘治疗以缩小甲状腺。第一次药剂量不足，因此她进行了第二次治疗，而这次治疗导致她的甲状腺过小，她需要每天服用甲状腺素。孩子快出生时，我带心伟去了医院，医生问她，如果有突发状况，孕妇和小孩只能救一个，应该救谁？因为心伟过去生柏怡的经历，医生不得不问这个问题。心伟毫不犹豫地回答："救小孩。"她甚至愿意放弃自己的生命给我生一个儿子。幸运的是，虽然比预产期晚了一个星期，孩子还是很顺利地出生了，婴儿体重超过六磅①，他叫人诚。至此，柏怡多了一个弟弟，我有了一个儿子。

在克莱姆森大学，我有过一次可怕的经历，我的脚被一只棕色的大蜘蛛咬了。我喜欢在家里的后院工作以及修剪树枝。由于天气炎热、潮湿，我经常赤脚工作。有一次，我的右脚突然肿了起来，脚踝渐渐失去知觉。红色的肿块逐渐从我的脚上蔓延到我的小腿上。我马上去了医院。医生把我放在病床上，并把我的右脚抬到比心脏还高的位置。他们给我用了大量的抗生素，并告诉我，如果肿胀无法控制住，我就要面临截肢。幸运的是，肿块没有再蔓延。我在医院待了三天就出院了。医生给我的腿打上了石膏，我不得不以抬着腿的姿势睡了一个多月。另外，我患上了高血压。这是一种遗传病，因为我所有兄弟姐妹都有相同的病症。我的家庭医生威廉·亨特是一位老派的乡村医生。他开了药物给我治疗，控制住了血压。但是，我必须终生服药并一直监测自己的血压。

有了充足的研究经费，我忙于积累各个研究项目的研究数据。数据充足之后，我开始撰写论文，并将它们提交给《食品科学》期刊，进行发表。我的第一篇论文因为篇幅太长而被拒绝。我将其分成了两篇论文，分别发表在了《食品科学》和《园艺》期刊上。在十八个月的时间内，我一共在各种科学期刊上发表了十二篇论文。这是很少有

① 1磅＝0.907 184 74斤。

的现象。曾经有段时间，系里的三个秘书都为我打印文章。此后不久，我开始收到担任美国食品科技展览会的分组主席、参加国际研讨会交流论文的邀请，并获得了食品工业界的咨询机会。我甚至收到了麻省理工学院人类营养与食品科学系的面试邀请。该系是当时食品领域最著名的系，但我没有去麻省理工学院，因为心伟正在接受四位当地医生的治疗。我没有去麻省理工学院是件好事。不到十年后，该校就取消了这个系，因为它不是麻省理工项目的核心任务。

一九六九年的秋季学期，我教的是人类营养学、基础生物化学和实验课。除了签证问题外，我选择在克莱姆森大学工作的另一个原因是这份工作能够给我机会提高我的英语水平。我认为用英语教学可以更好、更快地提高我的英语水平。我在华盛顿州立大学只上过一门人类营养学课程，所以我在收集课程内容时遇到了问题。幸运的是，此前讲授这门课程的系主任将他的讲义借给了我。我更新了一些内容，得以在良好的状态完成了这项任务。针对基础生物化学和实验课，我却不得不花费大量时间来编写讲义和设计新的实验。此前提到过，我上过三次普通生物化学课程，这对我讲授这门课有很大的帮助。实验课却上得很艰难，因为克莱姆森大学的实验室设备很差。那是艰难而又忙碌的五个月，不过我还是完成了任务。生物化学系才从化学系中分离出来，只有三名全职教师。我是食品科学系和生物化学系的联合教师。

第一学期过后，我决定将原来大三学生上的基础生物化学课改到大二上。这部分原因是为了使医学预科生、牙科预科生和护理学学生能够在有机化学与基础生物化学之间进行选择。除了使用学生在日常生活中可以看到的例子来解释复杂的生化机制外，我还开设了一些特别的课题，如胆固醇、心脏病、先天性代谢错误和镰刀型细胞性贫血症等。这些都是我从人类营养学和食品化学讲义中了解到的知识。学生很喜欢这些课程。一年之内，我的学生从第一学期的二十名增加到了一百五十多名。我最头疼的是实验室很小，只能容纳三十名学生，所以我不得不将一堂实验课重复上五次。幸运的是，学校为另外四次课程所需的助教和实验材料提供了资金。两年之内，我成为了克莱姆森大学最受欢迎的教授之一。在这段日子里，我的英语水平也明显提高了很多。

除教学以外，我还担任了食品科学学生俱乐部的顾问，并进行推广工作，与当地食品行业的人员联系。我还参加了美国食品科技年会的当地区会和美国南部农业科学家协会的食品科学部。我的两名研究生获得了美国南部农业科学家协会颁发的最佳学生论文奖，另一名研究生获得了美国食品科技年会全国研究生报告第二名。美国南方学生的水平一般比其他地区要低，但我学生的表现令许多人都十分惊讶。当然，我的研究成果也被加以肯定。

第十章

学术休假

在克莱姆森大学工作六年后，我获得了学术休假资格。我选择前七个月在美国农业部贝尔茨维尔研究中心园艺作物研究部、后五个月在台湾大学农业化学系做客座教授。

在贝尔茨维尔研究中心工作时，我们在附近的一个小镇上租了一套公寓。柏怡可以步行去附近的小学上学。心伟和人诚大部分时间都待在公寓里。这份工作对我来说意义重大，因为我有机会和美国顶尖的仪器专家卡尔·罗纳丝一起工作。他用我从克莱姆森大学带来的特种小番茄为材料进行了光分析，这在当时是前所未有的。他选了一个特别大的光分析箱放小番茄，然后用红光和远红光照射番茄，记录每次光处理后的吸收光谱。他计算出两个光谱的差值，得到了所谓的作用光谱。他又使用电子增强技术将光谱重复了一千次，结果发现番茄中有光敏色素。我们在《植物生理学》期刊上发表了一篇论文，被认为是当时植物科学中最重要的著作。这提高了我的学术地位。这篇文章的第三位作者是爱理·瓦他达博士。爱理是美国农业部园艺作物研究所的所长。他邀请和安排资助我在该所工作七个月。我还和他共同发表了两篇关于番茄和桃子成熟机制的论文。我们一起申请参与在佛蒙特州康科德市举行的每四年才一次的高登世界百强植物生理学家的会议。我是参与者中最年轻的科学家。这让我有机会认识了很多这个领域内不同国家的资深科学家。

我们在美国农业部工作的第一个月发生了两件大事。第一件事是，我们所住公寓楼的下一层发生了火灾，心伟只能抱着人诚逃生。房子里的大部分东西都在救火中被损坏了。幸亏我们来休假时没有带什么有价值的东西。尽管如此，我们的被褥和很多衣服都不能用了，只能买新的。第二件事是，我收到消息说我父亲得了肺癌。我向医生咨询了父亲的情况，然后求助于我在美国国立卫生研究院工作的朋友。我朋友说我父亲患的是鳞状细胞癌，当时还没有可以治疗的手段。他说我父亲最多只有六个月的时间可活。由于我到美国农业部工作时签订了七个月的合同，只能请一周的假。我只能选择马上回台湾见父亲最后一面，或是去参加他的葬礼。最终，我决定马上回去见父亲最后一面。在台北，我去父亲家看了他两次，还陪他去了两次医院。医生和我说，我父亲最多只能活一个月了。我回美国后的一周他就去世了。

学术休假的后半段我生活得很愉快。一九七六年二月我们来到台湾大学，住在海外学者宿舍。那是台湾大学校园附近的一套独立房子。柏怡去了台湾最好的小学——再兴小学上学。她本来应该读三年级的，但考虑到她的中文不好，学校建议她读二年级。第一次月考，柏怡由于看不懂中文，只考了八分。但柏怡很聪明，学习能力很强。第二次月考，她就考了九十八分。不久，她就能看懂中文报纸和期刊了。她在学校的生活很快乐。虽然在回到美国以后的生活中她很少使用中文，但在需要时她还是可以说中文。人诚当时只有两岁。我们请了一位学生来照顾他，陪他在家里玩耍，所以他一直都很开心。心伟的生活是最忙碌的。她除了向台北的两位著名画家学习国画外，还报名

参加了台湾著名的烹饪课，参加以前同学聚会等活动。我
为农业化学系研究生开设了"高级食品化学"课。当时只
有十几名研究生报名上课，但四十个座位的教室里坐满了
其他系的研究生和很多农业化学系的本科生。后来，我碰
到了以往来听我课的学生，他们说我是一个很好的教师，
上课生动有趣，还很有创意。最重要的是，我会引导学生
自主思考和独立解决问题。台湾大学的很多课都是传统模
式的死记硬背。除了教授这门课，我还加入了几个研究生
委员会，并担任本科生研究项目的指导。

在教学之余，我去台湾大学附近的一家字画装裱店，
和店里的老画师学习国画装裱。我买了四种不同的毛刷、
宣纸，学会了把淀粉糨糊在宣纸上，这样干了的宣纸就
没有半点褶皱。我还学会了测量、切垫子，完成整幅画
的裱装。后来，我把心伟的画都装上了画裱，这些画是
她后来在克莱姆森大学和密歇根州立大学举办中国画画
展用的。由于我从小练习书法，所以有时写中文诗，并
把它们题在心伟的画上补白。我们许多朋友家里都有心
伟的画。

在台北，我们还乘火车去了台湾南部地区旅行。我们
一路向南，到了台湾最南端的鹅銮鼻国家公园。公园里有
许多热带植物、小动物和岩石。参观完公园后，我们去了
海边的一个渔村。我看到一艘渔船驶来，船上放着一个有
十六英寸①宽的巨大的白色珊瑚，形状像扇子。我问渔夫：

———————
① 1 英寸＝0.025 4 米。

"这个珊瑚卖不卖?"他说:"二百五十元新台币。"虽然价格有点贵,但我还是买下了它。我们拿着珊瑚坐火车返回了台北。我去了一家珠宝店,问老板能否做一个放珊瑚的盒子,这样我就能把它带回美国了。店主说可以做,但要五百元新台币。一周后,我去取盒子,非常惊讶,珊瑚放在一个以红丝绸为内衬的精美盒子里,洁白的珊瑚显得非常漂亮。盒子还配有玻璃外罩和柔软的丝绸内垫,以免运输中珊瑚受损。店主看着也很喜欢,问我能不能以一万元新台币的价格把珊瑚卖给他。我考虑了一会,没有卖。我问他为什么要以这么高的价格买,他说,几天内他就能以两到三倍的价格卖给日本游客。到现在,这个白色珊瑚我们仍然保留着。只不过在后来的搬运中珊瑚受到了一些磨损。现在这个珊瑚看起来像一个心形而不是扇形。我们总是把它摆放在家里的客厅。有客人来时,我们经常会谈论起这个珊瑚的故事。我想也许这些年它给我们家带来了祝福和好运。

在我休假回美国后的一年,也就是一九七七年,我和心伟成为美国公民。一九七八年,我出现了严重的过敏问题。亨特医生给我测试了三十种过敏源,我对其中的二十九种都过敏。我的脸因为严重的过敏反应肿了起来,亨特医生只好给我打一针麻黄素以消肿。我打了一年的脱敏针,过敏问题才有所缓解。尽管如此,我一生都要忍受不时的过敏反应。

一九七八年,我在食品科学技术领域已经很有名气了。除了在《植物生理学》期刊上发表一篇论文外,我还在

方心伟画的花鸟，任筑山题的词（一九九五年九月）

《农业与食品化学》期刊上发表了一篇食品酶制剂相关的论文。这篇论文被认为是食品酶化学领域的先驱研究。我告诉我的研究生，我成功的秘诀之一是参加了几次联邦会议。虽然这些会议主要是针对营养、生物化学和医学科学领域学者的，但会议中经常会提出一些独特、创新的分析方法和技术。我把它们灵活地应用到食品科学中，我就成了第一个用这些方法和技术解决食品科学问题的人。

除食品生物化学领域的研究外，我还做了一些应用类的研究项目，其中一个是研制苹果干片。我用真空浸泡和低温干燥技术，把糖转到了苹果片的细胞里。做出来的苹果片口感酥脆、香味宜人。当时我没有商业头脑，不然我就会与食品企业合作生产这些产品。几年后，这些产品就在市场上出现了。不仅有苹果干,还有其他水果干,如香蕉干、草莓干等。另外一个项目是制作豆腐。为了掩盖豆腥味,我在传统的豆腐中添加了巧克力和水果的味道。这再一次走在了时代前沿,几年后类似的产品就在市场上出现了。

我很喜欢在克莱姆森大学的经历,让我有机会了解了美国南方的生活和文化。尽管我在克莱姆森大学取得了成功,但我仍然面临着种族的歧视。一般来说,助理教授四年晋升为副教授,再过五年晋升为教授。不过,研究成果突出的话,可以破格晋升。四年后,我晋升为副教授,又过了四年,即一九七八年,我申请提前晋升为教授,但没有被批准。然而,和我同年任命的一位成就比我差很多的白人副教授却获得了提前晋升。于是,我开始有了离开克莱姆森大学的念头。

有一天,我坐在办公室里,想着如果我在克莱姆森大学再待上二十年,会是什么样子。我可能还会坐在同一间办公室,教授相同的课程,指导学生进行研究,发表论文,那又如何呢?难道这就是我生命的全部吗?我往后的一生都要这样度过吗?因此,我开始有了申请其他工作的想法。

第十一章
密歇根州立大学的教授生涯

考虑到可能离开克莱姆森大学，我开始寻找食品行业的信息，并试图了解工业界所谓的"现实世界"的信息。食品行业内人士通常将学术研究者视为"书呆子"，他们认为理论上的研究不能够应用于实际。我开始向食品企业申请工作，但是很长一段时间里一直没有消息。最终，一九七九年初，我接到了一个食品公司的电话，他们想聘用我为加州研发部门的化学专家。我非常激动，并开始考虑搬去加州。命运是如此的戏剧化，在接到这个电话的两个小时后，我又接到了密歇根州立大学的电话。食品科学与人类营养学系主任为我提供了一个副教授的职位。当时，密歇根州立大学拥有全美国最大、最好的食品科学与人类营养学系。在克莱姆森大学这样一个"小池塘"工作的我，显然无法拒绝加入密歇根州立大学这片"大海洋"的诱惑。方心伟也担心加州的生活费用，因为我们可能负担不起房费。密歇根州立大学开出的薪酬与食品公司的薪酬同样多。密歇根州的生活费虽比克莱姆森大学贵，但比加州便宜得多。因此，我们决定接受密歇根州立大学的邀请，搬到美国寒冷的中西部。这是我职业生涯中的第一次转变。

回想我们在克莱姆森大学度过的九年，我学到了很多关于美国文化和社会公平的知识。我很幸运，能够作为一位冉冉升起的新星在食品科学领域拥有一席之地。

在密歇根州立大学的生涯并没有我想象的那么美好。大型院校的政策掩盖了拥有许多高级教授的优势。竞争项目基金和发表文章的压力非常大，以至于相邻实验室的研究生都不互相交流。在这里，没有克莱姆森大学的良好合作精神。原因很简单，在克莱姆森大学我是明星教授，而在密歇根州立大学，与其他经验丰富的知名教授相比，我只是一个无名小辈。

高素质的研究生是我在密歇根州立大学的一个愉快的回忆。我的食品酶学和高级食品生物化学课吸引了很多学生，因为这些课程是新的，以前从未开设过。多年以后，一些曾在密歇根州立大学上过我课的学生告诉我，这些课程令他们受益匪浅。他们说，我不仅教授科学知识，还在讲课中融入了生活哲学和创新精神。他们可能记不住我讲的科学知识，但是我讲的生活理念他们全部都记得。我还记得在一九八〇年的美国科技年会上，几位负责公司招聘的人员和我说，许多学生在找工作时都提到了我的名字。

在美国北部，生活十分艰苦。尽管他们告诉我那年是一个相对温暖的冬天，但雪还是下得非常大。地面上的冰冻有三尺①深。我们家后面有一个小池塘，小孩子们会在池塘上打冰球。柏怡上中学要步行半英里，路上的积雪比她的膝盖还高。由于道路结冰导致轮胎打滑，我有两次都差点出车祸。幸运的是，附近没有汽车，在迎面的车辆开来之前，我重新控制住了我的汽车。

柏怡不喜欢上密歇根州的初中，因为她在学校里没有认识的人。尽管如此，她依然是个拥有竞争精神的女孩。

①　1 尺 = 0.333 333 333 333 米。

一天，她捧着乒乓球比赛亚军的奖杯回家。我问她怎么回事，她说全校只有三名学生参加了比赛。我们地下室有一个乒乓球桌，但它主要是用来给心伟画画的。柏怡很少在家中打乒乓球，我在中学时乒乓球打得很好。

　　冬天在家的几个月里，我为心伟的许多画都裱好了，并装了画框。一九八○年的早春，她在密歇根州立大学图书馆举办了个人画展，我们忙了好几个礼拜。展览结束后，我们邀请了食品系主任和一对日本教师夫妇到我们家做客。日本夫妇提到了心伟的画，我们带他们去了地下室，看了一些还没有裱起来的画作。这位日本教师非常有眼光，他发现了一幅特别好的水墨梅花图，想要买下来。方心伟打折卖给了他，他非常高兴。

方心伟画的竹，任筑山题的诗（一九七七年冬）

我一直担任台湾食品产业研究与发展顾问委员会委员，多次前往台湾。除这个委员会外，我还另外参加了美国华裔工程师学会每两年开一次的中美会谈。一九七六年和一九七八年，我两次带领四位食品科学家，在台湾交流了两个星期，考察了当时的食品工业，然后向当时管食品界的农复会提供报告，把工业界的困难地方和改进方法指出来。与此同时，食品企业不断向我发出工作邀请，而我都拒绝了。有一次，我把我以前的研究生介绍给了他们。最后，这位研究生获得了位于南卡罗来纳州查尔斯顿的雀巢茶园的工作。他获得了非常丰富的工业界工作经验，后来回到了克莱姆森大学当教授，直至退休。

最后，当金宝公司打电话给我，请我担任经理而不只是研究员时，我意识到这可能是我加入食品行业的最后机会了。由于冬天，我们在密歇根州过得非常艰难，因此心伟赞成全家搬到新泽西州生活。因此，在一九八〇年七月，我接受了金宝公司的邀请，加入了食品行业。这是我职业生涯的第二次改变。

虽然我们在密歇根州立大学的时间很短，但这给了我一个了解美国中西部文化的机会。在某些方面，这种文化与中国文化相似。人们都非常友好并会互相帮助。他们都非常宽容大度，且由于天气寒冷的原因，他们喜欢在家里和朋友聚会。这次使我了解了真正的美国文化是三种文化的结合：美国两岸移民多，是自我为主的文化。美国南方人最爱国，但知识比较匮乏，容易受政客和媒体的影响。美国中西部人们对政治不感兴趣，不过他们很了解美国的政策控制在国会议员的手里，所以他们不停地选同一位国会代表。美国许多中西部地区的参议员都是美国国会的资深议员，并担任重要的主席职务。他们通常不参加政治投票，除非想要改选总统或者议员时才会出来投票。这可能就是唐纳德·特朗普当选美国总统的原因之一，因为他唤醒了美国中西部沉睡的选民。

第十二章

金宝公司的生涯

　　一九八〇年九月，我独自一人开车前往新泽西州。我的家人留在密歇根州售卖我们的房子。每隔一周，金宝公司会让我回密歇根州和家人一起过周末。心伟告诉我，人诚的教师总是能够知道我哪个周末回家。人诚的教师说，每当她问到人诚这个周末爸爸是否会回家时，他的眼睛就会亮起来。我在公司总部工作时，有一个员工福利商店，员工在那里购买公司的商品可以打折。其中有一个折扣商品是歌帝梵巧克力。歌帝梵巧克力分为两半，每半的馅料都不同。如果这两半不能完全合在一起的话，就会被贴上"不合格"的标签。这些不合格品会装在塑料袋里以每磅两美元的价格出售，在市面上的金装盒子里，是以每磅二十五美元的价格售卖的。我回家时经常带些巧克力给孩子们吃。柏怡喜欢把巧克力拿到学校吃。有一次，几个高年级的学生看见了，就问柏怡："你吃的是我最喜欢吃的那种巧克力吗？这种巧克力一颗要一块多美元！"柏怡说："不，我爸爸说只要两美元就能买一磅！"从这两件事中我体会到了亲情的重要性。

　　由于初到新泽西州，我还没有固定的住所，为了方便上下班，金宝公司出钱让我住在樱桃山市的一家汽车旅馆。金宝公司和美国广播唱片公司都位于卡姆登市，四周环水，与费城隔河相望。那时卡姆登市还是一个比较贫穷的城市，住房很少。有一天，我下班回去看到旅馆门前停了两辆消防车。看来是旅馆内失火了，接近一半的房间都被大火烧毁了。虽然我的房间没有被烧坏，但由于烟雾太浓，我无法进房间取东西，只能去另外一个汽车旅馆临时住一晚。

第二天我到公司，工作人员和我说这已经是这家旅馆第三次失火了。但汽车旅馆的老板一直没有对旅馆进行维修。当汽车旅馆失火被烧毁时，保险公司会对其进行赔偿，重建旅馆。到了晚上，我回房间拿一些衣物，但衣物的味道非常难闻。我只好把所有物品都送去清洗，带了一些生活必需品，换了个旅馆，然后继续我正常的工作。

一九八〇年十二月，我们全家搬到了新泽西州，由于在樱桃山市购买的新房子还未建成，所以我们临时租了一套房子。密歇根州的房子最终被卖掉了，金宝公司请了搬家公司为我们搬家，并且承担了我们售卖房子的所有花销，包括所有家具、其他物品的打包费、送往新泽西州的运送费，以及另外一辆车的相关费用。有趣的是，搬家公司知道我们的花销是金宝公司来支付的，他们把我们的所有东西甚至连垃圾都打包好，送往了新泽西州。

作为一个新成立的基础研究组的新经理，我手下只有一名具有博士学位的高级研究员，一名具有硕士学位的化学研究员和一名行政助理。公司的产品研发人员和工程师都不把我当回事。我必须向他们证明我有能力进行与"实际生活"相关的研究。我的一个研究项目是找到一种可以延长新鲜蘑菇保鲜期的方法。我观察了蘑菇在暗室以及充满牛粪的洞穴中生长的过程。我学会用锋利的刀从暗室和牛粪堆放的种植床上把蘑菇采摘下来。公司里的人对我的学习能力感到震惊。我向他们讲述了我在加州理工大学的实践学习经历。这给他们留下了深刻的印象。

我设计了一个实验，在收获和包装蘑菇时喷上保鲜剂，随后将蘑菇用冷藏车运送到就近的储藏室，每天察看蘑菇的新鲜程度。包装厂的采摘人员是工会会员，工会的领导担心我的实验会削减采摘工人的数量。因此，他们为了破坏我的实验，去仓库损坏了我的实验样品。幸好，一开始我就准备了两组重复的样品，并且放在了不同的储藏室。金宝公司的工作人员对我的实验设计很不满，认为重复实验是浪费时间和精力。由于样品有重复实验，我们在另一组样品中取得了不错的研究成果，证明了喷洒保鲜剂可以延长新鲜蘑菇的货架期。从那以后，研发人员开始对我刮目相看，在小组会议上也会听取我的想法。令我吃惊的是，当我们把研究结果提交给生鲜产品的业务经理时，他质问我们："你为什么要延长蘑菇的保质期呢？我们希望的是市场和消费者能够扔掉一些蘑菇，这样他们就会再买更多的蘑菇。如果蘑菇的保质期变长，消费者保存的时间就更长，他们的购买需求也会减少了。"这个项目就这样结束了。

之后不久，我又聘请了三名科研人员来我的团队，并申请到了几个新的研究项目。我在得到金宝公司员工和管理层的信任之后，很快就涉足了公司的其他业务，包括收购有潜力的公司和开发原料加工的项目。其中有一个项目是去中国寻找新鲜蘑菇、鸡蛋和番茄的产地。我曾两次去中国大陆考察。我第一次去时，带了金宝公司农业生产部的副总和一位他请的熟悉中国市场的经纪人。我们走访了一个可能成为我们项目地点的地方——河北省石家庄市的小镇。当地人问那个经纪人的家人在哪里，他们误以为他会搬过来，在镇上观察作物的整个生长期。我帮他向当地的农民解释，这样他才不用长时间留在小镇上。然后我们买了从北京到上海的火车卧铺票。经过十八个小时才到上海。一路上，我们看到了中国沿海的广阔农村和农田。在上海，我们参观了蘑菇的产地和养殖蛋鸡的农场。

第二次，我和金宝公司研发部的副总监以及采购部的副总监一起来到中国。除了去上次的地方之外，还去了其他的地方。我们去了南京附近的一家蘑菇研究中心，并享用了一顿丰富的蘑菇晚宴。三十多道菜都是以蘑菇为食材烹制的。通过这次考察，金宝公司决定和上海梅林罐头工厂签约，由他们供应蘑菇，并在中国建立几个小型实验农场。这些农场用于种植加工品种的番茄和搭建饲养蛋鸡的鸡舍。

在回美国的路上，研发部的副总问我："筑山，你是一位食品品质专家，对于市场上的意大利面酱太稀的问题，你有什么解决的方法吗？"我说："应该有，我设计个实验探索一下。"六个星期后，我把研究结果递交给了他。他立即命令生产部的研发经理与我合作，生产这种新的意大利面酱，并命名为"配哥"。这个产品很成功，在投入生产后的第一个月就占领了全美国意大利面酱三分之一的市场。这是食品公司从来没有的现象，它被哈佛商学院选为研究和营销一条龙的食品成功案例。

一九八四年，我被晋升为公司的研发总监，成为管理七十名研发人员的主管。除了基础的科学研究外，乳品科学部、谷物科学部、油脂部的研究小组都向我汇报工作。

我是金宝公司有史以来的第一位外国总监。我想这是我第一次打破所谓的"玻璃天花板"。

除了配哥面酱和蘑菇项目之外，我还做过 V-8 果汁、奶酪味的金鱼饼干、电视冷冻快餐、豆芽以及方便面等新产品的研发。对我来说，最难忘的是一个番茄的项目。番茄可分为两类：新鲜市场用的番茄和加工用的番茄。我们去中国寻找原料时，是对加工用的番茄有兴趣。用来做加工产品的番茄一般会留在田地里，长至完全成熟，采摘后，直接运送到工厂做成番茄酱。新鲜农产品的业务经理们的问题是：若让番茄留在田地里自然成熟至变红，收获时番茄的质地就会很软，在运输和销售过程中很容易被压碎。若在番茄还没熟时采摘，番茄的风味就会不好。他们问我是否可以找到一种方法，既可以让番茄在地里自然成熟，保证良好的风味，同时又以某种方式阻止番茄的质地变软？番茄质地变软的过程是由多种酶共同控制的。其中两个关键的酶是果胶酯酶和聚半乳糖醛酸酶，它们控制细胞壁的生长，维持细胞质地。我的研究小组不具备研究这个项目的专业知识和人才。金宝公司植物科学部门本来有能研究植物科学的研究员。不幸的是，该部门的总监跳槽了，并带领他的团队重新成立了一家私人公司。我联系了他们，提供资金让他们来做这个项目。他们花了两年时间研究，没有什么进展。因此，我又重新找了一个研究小组，与一个叫卡尔情的植物生物技术公司合作。这个公司位于加州戴维斯市附近。在我的协助下，卡尔情公司的一位研究员在有益菌中发现了一种聚半乳糖醛酸酶的抑制剂，并将其转入了番茄中。这样番茄就可以在田地里成熟，质地也不会变软。通过田间实验，取得了很好的效果，我们把它命名为"风味保存"番茄。加州的一位农民对这种番茄进行了商业化的种植。遗憾的是，"风味保存"番茄的产量低于传统品种番茄。后来我离开了金宝公司，这个项目也终止了，没有人再继续进行提高"风味保存"番茄产量的研究。

柏怡在樱桃山的时光很美好。她念完一学期初中，就去东樱桃山市高中上学。东樱桃山市高中是美国最好的公立高中之一。除有大学一年级的课程外，学校还开设了大学二年级的课程。优秀的学生可念完大学二年级的课程，这样只需再用两年就可以完成大学学位了。柏怡就是这类优秀的学生之一。我记得有一次她上了细胞生理学课，问了我几个问题，我答不出来。她在大学预科考试和大学入学考试中，数学、英语、化学、生物都得了满分。不过，她仍不是东樱桃山市高中学习成绩最好的学生。除了上课之外，她还是球队的啦啦队员，参加学校的各种体操课、舞蹈课、钢琴课等。她是啦啦队中身高最矮、体重最轻却最勇敢的人。她是啦啦队中排在金字塔最上面的人，要向后倒下由队友接住她。我担心她会受伤，她对此却毫不在意。她的日程总是安排很满，她还参加了许多其他的校外活动。心伟做她的司机，忙得不亦乐乎。

后来，她在高中最后一年参加了美国青少年小姐比赛，她没有晚礼服，借了她朋友的一件晚礼服去参加校级和县级的比赛。她赢得胜利后才把这件事告诉我们，我们给她买了一件晚礼服去参加州级比赛。没想到她在五十多位参赛人中赢得了州级比赛。她是一九六五年新泽西州的青少年小姐。为了参加全国比赛，她没有参加高中的毕业典礼。我们全家都去阿拉巴马州的莫比城观看全国电视广播的全国比赛。她进入了前十名但没有获得全国冠军。她后来一直都参加这个比赛的活动，直到现在。

人诚在我们小区另一端的一所小学上学。心伟自愿在那里做了六年的图书馆助理。我们搬去佐治亚城之前，人诚已经念了一学期的初中。

在金宝公司工作时，我修了南伊利诺伊大学爱德华兹维尔分校开设的工商管理硕士学位。金宝公司有一个福利，就是鼓励员工接受再教育。我攻读工商管理硕士学位一共要上二十门商学课。这些课开设在附近的空军基地，这个学校商学院的教师飞到空军基地来授课。每门课用时六周，分两次教。教师每周末的授课时间为二十个小时，分别是周五晚上四个小时，周六八个小时，周日八个小时。三周是一个周期。两个周期结束后进行期末考试。这种授课模式原本是用来训练空军管理人员的。由于来报名的空军人员不够，这些课才向普通民众开放。当时，每门课要交一千美元的学费。如果没有金宝公司的支持，我是不可能完成这个学位的。我们所住小区附近有两个空军基地，这对我来说也很有帮助，可以同时选读两门课。这意味着我要花很多的周末时间来上学，而不能在家里。班上很多学生是各行业的中高级管理人员，因此他们的学习能力要高于学校普通班的学员。四年后，我拿到了工商管理硕士学位，并学到食品行业以外其他行业的许多知识。

我拿到工商管理硕士学位后不久，有一天研发部的副总裁把我叫到他的办公室，并带我去见了公司的执行副总裁。执行副总裁对我说："听说你在研发方面做得很好，而且最近又拿到了工商管理硕士学位，你愿意来我这工作吗？"我又惊讶又疑惑。研发部副总说："我们对开拓中国和东南亚的市场很感兴趣。你对此有兴趣吗？"执行副总裁又补充道："你可以提出你对职位、薪水以及工作的任何要求。"听完后，我很震惊地说："谢谢您，您认为我能胜任这份工作吗？"他说："你比我们公司的任何人都更了解中国的语言和文化。我认为你能胜任。"研发部副总觉察到我在犹豫，就说："筑山，你就当作是我把你借给执行副总裁用两年吧。如果你不喜欢这份工作，你可以再回到研发中心，回到原来的工作岗位！"我说："我想回家和我太太心伟商量一下。"他们同意了。

心伟担心我们搬到中国后孩子们的教育问题。那时，中国大陆还没有国际学校。我向研发部副总说明了我的担忧，他说："你可以住在香港地区，那里有一所国际学校。不过，每个月你需要花两周的时间待在中国内地，一周的时间在东南亚，然后回新泽西州待一周，汇报工作进展并接收新的指示。"经过深思熟虑后，我和方心伟决定拒绝这个提议。我知道我在金宝公司的时间不会有多久了。因为在金宝公司没有人能对执行副总裁说不的。

正当我在考虑该如何离开金宝公司时，我接到了佐治亚大学农学院院长的电话。他说我被提名为食品科学与技

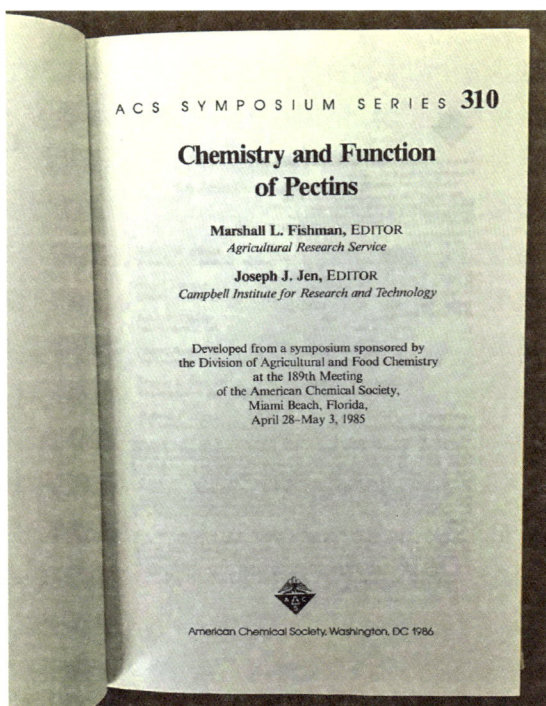

任筑山出版的第一本书（一九八六年春）

术部（科技部）部主任的候选人。我与方心伟讨论后，决定参加候选。经过多轮的面试，我当选为部门主任。这标志着我又一次从食品行业回到了学术界。所不同的是，这一次，不再是担任一位教授，而是一位学术经理。这是我职业生涯中的第三次转变。

教授、食品企业经理和学术经理这三种工作是迥然不同的。在一份工作中获得的经验和声誉是不会转移到另一份工作上的。实质上，每一次改变工作你都需要从头开始重新塑立自己。一般这需要很长的一段时间。也许这就是为什么很少有中国人跳槽的原因。没有跨领域工作过的人很难理解跳槽时所面临的困难。不过，好像美国所有的高层管理人员在他们的一生中都换过几次工作。

从很多层面来说，我认为我的职业生涯代表了三种不同的生活方式。我的工具箱里也装满了其他教育者和管理者不常有的工具。我认为我们在新泽西州的六年是我工具箱收获的最多的，它最终成为我走上联邦政府高层管理的踏脚石。

第十三章
佐治亚大学的生涯

　佐治亚大学是佐治亚州的赠地大学，成立于
一七八五年一月廿七日，是美国的第一个赠地大学，该校
农学院成立于一八五四年，是美国州立大学第一个成立的
农学院。该学院于一八七二年成立州的农业研究实验站。

　我接到该学院院长的电话后收集了一下该学院的资料，
发现该学院的畜牧系、家禽系和园艺系都在全国名列前茅，
食品科技是该学院比较新的系，系的组织是分部制度：有
在艾绅市的教学研究系，在格里芬市（Griffins）的研究系
和在艾绅市的推广系。院长提到邀请我申请的分部主任是
主管这三个系的，不过在格里芬部的系主任需要向格里芬
实验站的站长汇报工作。推广系的系主任需要向佐治亚大
学农业推广站主任汇报，科技部主任需要在每年度预算谈
判中代表所有的下属部门与院长、教学主任、实验部主任
和推广部主任进行谈判，科技部主任还负责科技部所有员
工的晋升、任期和加薪，这是一个有趣又复杂的管理模式。

　在决定参加食品科技部主任的应聘之前，我给格里芬
实验站的食品系主任打了电话。我们的博士论文指导教师
是同一个，他比我早十二年毕业。我和他说："我被提名
为你的部门主任了。你为什么不申请这个职位？我觉得你
比我更有资格。"他对我说："筑山，这是在南方腹地。从
来没有一个北方佬能在这儿当部门主任，更不要说是外国
人或外籍美国公民了。"他的回答激起了我的好奇心和挑
战欲，我决定尝试打破另一个玻璃天花板。

　除了查询食品科技部所有教师的背景外，我还打电话
找了美国农业部负责审查所有赠地大学的食品科学项目的

主任。他在电话里告诉我："筑山，你很幸运。我几个星期前刚刚审核了佐治亚大学的食品科技项目，现在正在写报告。下周我可以给你寄一份报告的机密副本。"他补充道："从联邦的角度来看，佐治亚大学的问题之一是，他们需要多样化领导层的背景。因此我认为你应该申请这份工作。"这位主任当年在克莱姆森大学时曾来克莱姆森大学审查食品系的进展。当时他就鼓励我为申请系主任的工作进行准备。他说我们有很多好的教授和研究人员，但很少有好的系主任。他觉得我的个性和处事方针很适合当系主任。

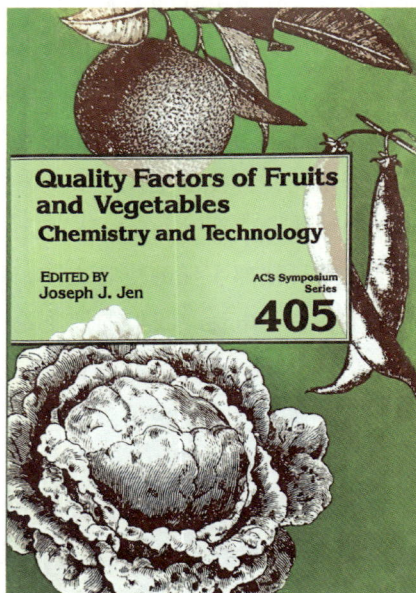

任筑山编写的美国化学学会编号第四零五号书。这是任筑山第一次单独编的书

获得了这个信息之后，我给佐治亚大学的农学院院长打了电话，告诉他我决定接受他的邀请，申请食品科技部主任的职位，并把所有需要的材料和推荐信都寄了过去。不久之后，他们通知我，我进入了最终候选人的名单。接下来需要去学校参加面试。格里芬实验站的食品系主任告诉了我选拔委员会二十多个成员的组成，以及院长、乔治亚农业实验站主任、农业推广部主任和教学主任的背景。我为面试做了充分的准备。

在整个面试过程中，我表达了两个主要观点：第一，食品科技部下属的三个系必须是一个主体，必须作为一个统一的部门相互合作。第二，食品科技部必须首先为佐治亚州人民工作，其次再为美国人民工作，最后才是为全世界人民工作。同时，我还强调，食品科技部主任不仅要与部门内的教职工和学生合作，还必须与全国乃至全世界的校友、食品业和其他食品科学项目有关的部门合作。三天的面试进行得很顺利。很多人都十分惊讶，我对食品科技部非常熟悉，而且似乎已经有很好的计划来管理好这个部门。他们不知道，我已经提前阅读了美国农业部对食品科技部的审查报告！

面试结束后不久，院长就通知我，我被录用了。我告诉了他我在金宝公司的薪水，但没有期望他能够给我提供相同水平的工资。出乎了我的意料，他竟然给我提供了和金宝公司相等的薪水。此外，虽然佐治亚大学不能提供搬家费用，但他额外给我提供了两周的工资，作为从新泽西州搬到佐治亚大学的补偿金。我和心伟商量后，决定接受这份工作。一直到如今，我仍然不知道是谁提名我担任这个职位的。

接受这份工作后不久，我一个人开车去了艾绅市。心伟和人诚则留在樱桃山市出售房子。柏怡当时已经在西北大学①了。我买了一间离食品科学大楼只有五分钟车程的公寓。最初的四个月里，我在工作上投入了很多时间。樱桃山市的房子卖掉后，我们在艾绅市买了新房子，它位于一个叫作河底的新住宅区。一九八六年的圣诞节前夕，心伟和人诚搬到了艾绅市。我们再一次回到南方腹地，开始新的生活。

艾绅市的教学研究系有十名教师，其中九位是正教授，只有一位是助理教授。格里芬市的实验站也有十名员工。推广系共有四名教授。食品科技部总共加起来有二十四名教师。

在佐治亚大学，我做的第一件事是与食品科技部的每一位教师进行面谈，了解他们的专长、个人兴趣、能力和目标。第二件事是制订了一个在艾绅市内召开的周会和一个食品科技部的月度会议，在艾绅市和格里芬市轮流举行。我做的第三件事是雇用了两名员工，减轻了系里和部门教授的一些日常工作。第四件事是用一九八六年预算周期快结束时剩下的钱为教学研究系买了一台文字处理器和一台传真机。过去，这些剩余的资金会被分配给教师，让他们为各自的实验室做一些采购。因此，我这样做使得艾绅市

① 创立于 1851 年，坐落于美国伊利诺伊州东北部埃文斯顿。

的教师们很不高兴。不过他们不想让我这个新上任的部门主任感到难过。有趣的是，六个月后，几位教师来到我的办公室，告诉我说："现在我们都不能想象没有传真机的日子该怎么过了，你当时的决定真是太明智了！"有了传真机之后，教师们就能够在最后一刻提交报告和提案，不必提前几天寄出这些材料。他们也很高兴可以学习使用文字处理器，因为这样写报告要比以前快得多。换句话说，我很快就赢得了教师们的信任。在佐治亚大学任职的六年里，教师们的信任对我处理部门事务提供了很大的帮助。食品科技部有一位首席行政助理，她在部门工作了五十多年，对如何管理这个部门了如指掌。她给了我很大的帮助。

在与院长和三位副院长的第一次预算规划会议上，我的主要任务是与他们协商联邦和州预算中给食品科技部的款项分配，以及部门教职员工的任期和晋升问题。在第一次的会议上，我说服了他们在我的部门增加一个职位来处理部门的预算。我聘用了一位会计。我还用行业捐赠基金聘请了一位计算机技术员，帮助教师、员工和学生解决计算机问题。因此，我的办公室一共有 5 位全职员工，比农学院其他部门都多。

我用自己的工商管理专业知识对新会计进行了培训，让她建立了一个预算监控系统。这样我就能随时准确地知道部门内有多少可用的资金。教师们也可以随时知道他们的项目研究资金。在佐治亚大学农学院没有人这样做过。因此我很快就赢得了教职工和上层管理人员的信任。这有助于食品科技部从联邦和州预算中获得更高额的资金分配。

在每年农学院举行预算会议之前，我都会先举办部门的年会。在完全透明的金融体系下，部门每个人工作的都十分愉快。人与人之间也乐于合作，共同致力于建立和加强这个部门。

食品科技部在艾绅市有两个实验工厂：一个是一般的加工实验工厂，另一个是肉类加工实验工厂。有两个很优秀的员工，把工厂的运营维持得很好，并且还帮助培训学生，制造出售加工产品。我仍然记得，在圣诞节期间，肉类加工厂美味的鹿肉香肠是很受员工和校友欢迎的。

我在佐治亚大学的六年里，佐治亚州经历了一些巨大的经济预算问题。我记得至少有两次，所有州政府雇员被要求自愿无薪休假几天。学院的所有部门也都努力缩减教师人数，以应对预算短缺。唯独我的部门是个例外，我反而想扩大教授规模。我接受了动物科学部主任的提议，将乳品科学项目以及三个教师转到了我的部门。他也把奶制品实验工厂和环境健康项目的管理权以及两位教师转到了我的部门。一九八八年，我和海洋科学项目主任合作，将黄耀文博士从海洋科学推广系调到我们系担任助理教授。因此，在我来到佐治亚大学的两年后，艾绅市的教学研究系教授从十人增加到了十六人。

学院的另一个节省预算的措施是取消推广系，将其合并入教学研究系。推广系主任在部门合并之时就离开了佐治亚大学，他的职位被学校收回。另三名推广系的教师转到了教学研究系。因此，在我离开佐治亚大学的时候，食品科技部一共有两个系和二十八名教师，是当时美国教职员人数最多的食品科技部门之一。

我在佐治亚大学聘请的最好的一位员工是威斯康星大学的马克·多尔博士，他担任的是格里芬实验站的系主任。他成立了一个食品安全中心，并在很短的时间内就让它成为了领域内的世界知名平台。另一名优秀的员工是美国最好的非裔食品科学教授（艾可博士）。他是油脂化学专家，是我在佐治亚大学聘请的最后一位教授。我是唯一一个主持研究项目并拥有自己实验室的部门主任。因为我从美国农业部获得了五年的人类营养资助金，所以我的实验室设备很齐全并配备有一台新的高效液相色谱仪。因为将要离开佐治亚大学，所以我为他提供了他的职位以及我的实验室，他无法拒绝这样好的条件。

除了教师的规模之外，通过让年轻的助理教授替代退休和离职的正教授，到一九九二年我离开佐治亚大学时，艾绅市的教学研究系共有六名正教授，六名副教授和六名助理教授。这一稳定的教研团队为食品科技部发展成为美国乃至世界上最受尊敬的集教学、研究和推广于一体的食品科技部提供了良好的基础。

一九八八年发生过一件可怕的事情。我办公室的天花板上装有日光灯，但只用了一些电线固定。一天，我不在办公室的时候，一盏日光灯从天花板上掉了下来，砸在了我平时坐的椅子上。我想一定是上天在保佑我，如果我当时坐在那张椅子上，我肯定会受重伤甚至死掉！

我在佐治亚大学做的另一件事是在每个博士生完成学位后，与他们进行面谈。这样，我就能够了解他们导师的

见解，以及他们的长处和短处。我也能帮助一些学生找到
好的工作以及发展平台。我面谈的学生中有一名希腊学生，
他后来成为一所赠地大学的系主任和院长。在一次公开的
会议上，他提到了我们的那次面谈。他说，当时我从办公
桌后走出来，和他说："你可以像我一样。"这句话深深地
启发了他，让他想去尝试学术管理，而不仅仅局限于当一
名杰出的科学家。

我还找了资助人为研究生设立了奖学金，主要帮助有
经济困难的少数族裔学生。后来与学生们再见面时，许多
同学都说因为这件事记住了我。我有一项有趣的奖学金，
是糖果制造商协会资助的。协会不喜欢学校集中处理所有
捐赠资金的政策。因为学校要求捐赠者一次性预付所有承
诺的捐款，但协会希望分几年支付这笔捐赠款。我对学校
的做法感到很气愤，计划为系里单独开设一个账户，分批
接受捐赠款。校方知道后也很生气，但他们找不到任何规
章制度来反对我的计划。最终，学校做出了让步，接受了
捐赠款分阶段到账的做法。这是南方腹地，很少有人敢对
学校提出反对意见，我就是这少数人之一。这也是我一生
做事的准则。如果我认为我是对的，不管什么上层管理，
我都会尽全力来争取我应得的权利。

我们非常喜欢我们住的房子，那是一栋有四间卧室的
大房子，面积超过四千平方英尺（约合三百七十平方米），
还有一层未完工的阁楼，可以改造成另外两间卧室。心伟
花了很多时间打扫房子，而我花了所有空余的时间来整理
院子。我记得我们在大松树下种了五百多棵小杜鹃花树。

一次暴风雨，我们家和邻居家之间空地上的一棵松树倒下了。它是朝着我们邻居家的方向倒下的。这棵树把他们的卧室和起居室都砸坏了。保险公司花了很长时间才把他们的房子修好。在这栋房子里，我们和邻里的关系处得很好。我们在家里也招待过不少客人。有一次，我们准备了点心和饮料，邀请了科技部所有教师，三十几人，来家里做客。这也是农学院从来没有发生的事。

柏怡在艾绅市的家待的时间不多。她当时正忙于在伊利诺伊州埃文斯顿的西北大学念书。读了两年的医学预科之后，她觉得自己不适合医学专业，于是决定转到临床心理学专业。记得她当时问我，怎么当初就知道她不适合读医的，我说你是个"忙碌鸟"，连五分钟空闲都停不下来，叫你每天看病人、开药方一定烦死你了。

人诚在艾绅市读完了初中和高中。他喜欢看佐治亚大学的球类比赛。高中毕业后，人诚被佐治亚理工大学录取。他在亚特兰大住了一学期，没有很好地适应大城市的生活，就回到艾绅市的佐治亚大学上大一的第二学期。他对体育的热爱使他对新闻工作产生了浓厚的兴趣，并促使他后来在加州州立科技大学（以下简称"加科大"）念了新闻系。加州州立科技大学的新闻系很有名。他毕业后就成为一名体育记者，一直到现在。

因为有来自全州各地的忠实粉丝，佐治亚大学的足球部非常富有。它的收入不仅支持了佐治亚大学其他所有男女运动队的开销，还用来捐款重建了大学图书馆和运动员宿舍。我和许多其他教师一样都买了佐治亚大学的足球票，参与学校和全州的啦啦队。

我们在艾绅市过得很开心，也很享受在那里的生活，当时我们还以为艾绅市就是我们最终的归宿地了。但是，有一天，一封来自加利福尼亚州的信改变了我们的计划。

第十四章
边做边学

在佐治亚大学担任了六年的部门主任之后，有一天，我收到一封来信，推荐我申请位于加利福尼亚州圣路市的加州州立科技大学农学院院长一职。我之前没有听说过这所大学，所以很好奇。经过一些调查，我才知道加州州立科技大学是加州州立大学（以下简称"加州大"）系统下的一个分校。学校的校训是"边做边学"，强调实践操作。它拥有全美第三大的农学院（以学生人数计算）。不过，这个大学的农学院没有博士学位点，只有各个农业类专业的学士学位点和硕士学位点。给我留下深刻印象的是，农学院有一个大型的农业企业综合体系。加科大的校友遍布全国，特别是在加利福尼亚州。可以说，几乎所有加利福尼亚州的农业类企业里都有加科大的毕业生。于是我决定投递简历和申请函。

不久，我就收到通知去学校参加面试。面试前，我仔细阅读了农学院的整体发展规划，搜集了反映"边学边做"教学理念的实例，并查看了农学院的师资构成和知名校友。我还准备了一份精彩的幻灯片，介绍了我的管理学背景，并举例说明了学生、教师和管理人员应如何践行"边做边学"的理念。当时，加利福尼亚州政府正面临着严重的预算削减问题。加科大包括农学院的运作大部分依靠州政府拨的资金。我提议开展集资活动，以维持学院正常运作，并联系校友和农业类企业来帮助农学院。

我的面试进行得很顺利。在面试过程中，有人问了我两个问题，其中一个是："学院该如何度过预算削减期？"我回答说："有志者，事竟成！"另一个问题是我对于"边做边学"教学理念的理解。我回答说:"我出生在中国。中国人一直认为生活经验比理论学习更重要。因此,边做边学是我的天性。"我对这两个问题的回答赢得了很多在场教师的赞许。面试结束后,一位老教师和同事说:"我在这里已经工作二十五年了。我以为我熟知'边学边做'的教学模式,但他似乎比我知道得更多!"我因而得到了一份薪水不错的工作。在加利福尼亚州圣路市的生活成本要远高于佐治亚州的艾绅市。比如,一个人花两倍的价格在圣路市还买不到艾绅市的住房空间。因此,我要求校长给我更高的薪水。校长也是真心想要聘用我,他请求加州大总校长办事处给我开一份很高的薪水,高出了规定的学院院长的最高工资标准。校长的请求得到了批准,所以我接受了这份工作,并在八月下旬独自开车从艾绅市前往圣路市。我在附近一个叫莫罗湾的小镇上租了一间公寓,距离我在加科大的办公室只有十英里远。

一九九二年九月一日,我正式成为加科大农学院的院长。当时加利福尼亚州政府正面临严重的预算问题,州政府将高等教育的预算削减了百分之二十五。加科大四分之三的经费是靠州政府拨给的,所以学校正在考虑是取消农学院还是取消专业学院。校长雇用我后,决定把专业学院取消。专业学院最大的系是家政系,系里的食品营养专业被转到农学院,纺织专业被转到商学院的工商业系,室内设计专业被转到建筑学院。另外心理系被转到人文学院,预备军官系被转到农学院。与此同时,加州大制订了一项退休金计划,鼓励快退休的教职工提前退休。农学院有十一位教职员工参加了提前退休，其中一位是副院长。因为学院经费不足，我请求管校内事务的副校长协助我找人接替退休副院长的位置。我没想到，他竟然很高兴地答应让他手下的一位策划部的主任来农学院担任副院长，而且还同意支付一年的薪水。我不敢相信自己有这么好的运气，后来才得知，这位副校长和主任在几项制度计划上意见存在分歧。由于主任的级别与副院长差不多，他不好随意调动。因此，在某种程度上，我给了他一个摆脱烦恼的机会，同时他也帮了我一个大忙，将来他遇到问题时，可以找我帮忙。

在我担任院长的第一个星期，我和各系的系主任商讨建立每周例会，并且我与每个系的系主任单独谈话，了解他们的工作以及存在的问题。我发现整个农学院的内部非常分散。每个系都是独立运作。学院内部很不团结。前一任院长不愿做任何艰难的决定。他把一切决定权都交给了教职工和系主任委员会。在没确定合适的新任院长之前，代理院长也采取了相同的做法。全体教职工和系主任都愿意继续保持这种工作状态，但我不同意。

在秋季学期的第一次学院全体会议上，我告诉大家，我们要确立学院的一个主要目标，就是"我们要成为全国最好的大学部的农学院。我们必须团结成一个整体，而不是十个独立的系"。我给他们讲了一个古老的中国故事。一个富有的老人，在临死之前将他的五个儿子叫到床边，递给他们每人一双筷子。老人让他的儿子分别将筷子折断，他们很轻易地做到了。然后，老人把五双筷子放在一起，

任筑山在加科大给师生、校友和工业界的公开信（一九九九年四月）

让他们再折断，却没有一个人能做到。于是，他对儿子们说："在你们单独一人的时候是很脆弱的，很容易被别人打垮，也很容易丧失你们的财富。但当你们联合在一起，就会成为一个强大的整体，没有人能撼动你们的财富。"

要想成为一个强大的学院，我们就必须团结一致，这样每个系都会比原来更强大。

我上任后，很多教师担心我会推动学院的研究工作，就像许多赠地大学的情况一样。教师们一直引以为豪的是，加科大是一个"边做边学"的教学机构，大多数教师都自认为是很优秀的教师，而不花时间在做研究上。

我问了一些教师，怎么证明自己是优秀的教师？是否有人获得过国家教学奖？答案都是没有。我告诉他们，光说自己是优秀的教师是不够的。我们需要想办法，让整个领域和全国的人都认为我们是优秀的教师。首先，我们最好在本校设立教学奖。获得校内教学奖是获得全国教学奖的第一步。

我和加利福尼亚州的农业企业和校友会面时，向他们表达了这个理念，希望他们可以资助这个计划。几周内，我就找够了资助单位，一共设立了十个教学奖，每个奖金一千美元，另外也设立了六个员工奖，每个奖金五百美元。

更重要的是，我为"边做边学"想到了一个独特的奖项。都尔食品包装公司的总裁是农学院的咨询委员会成员。我去他们公司访问时，向他提议设立这样一个奖项：给获奖的人提供一次去参观都尔国际办事处和工厂的机会，了解那里的运作情况。回到学校后，获奖教师在学院开展一次演说，与院里的其他教师和学生分享这次参观的收获。都尔食品包装公司的总裁对这个提议非常感兴趣，他立即同意设立这一奖项。为了让这个奖项更有吸引力，他提议获奖教师的伴侣或家人也可以一起享受这次旅游，并且还给予一些零用钱。经过进一步的讨论，他同意增加另外一个员工奖，用来奖励员工，获奖的员工可以去都尔美国国内分公司学习，所有差旅费都由公司支付，另外还会给予一些零用。

第一届优秀教师颁奖典礼非常激动人心。都尔食品包装公司的总裁亲自为获奖人挑选了奖杯。奖杯是一个坐在木架上的水晶火焰，上面刻着获奖者的名字。他还赠予了学院一个巨大的水晶火焰奖杯，用来记录每年的获奖者，我们把它放在了学院会议室里。我还在学院会议室的墙上挂上了所有获奖教职工的名字。突然之间，整个学院充满了教学热情，这种热情甚至蔓延到了整个加科大的校园。

为了提高一些教师的教学技能，我请了当地戴尔·卡耐基培训机构的讲师开设了一门培训课，总共十二周，每周三个小时。我为这门课筹集了资金，一半的资金是校友爱尔·史密斯资助的。一共有三十名教师和员工自愿接受了培训，培训的重点是教学技能和学生关系。这门课不但提高了教师个人的教学技能，还引起了参与培训的教职员工之间的合作意识，加强了他们的团结，甚至促进了几个跨系项目的成立。

我在一次去明尼苏达大学分校的访问中，发现他们的整个校园都有网络覆盖。让我印象最深刻的是他们的计算机教室。我和院里的教师们讨论过这件事，但是当时我们没有资金。幸运的是，农商系的一个教师精通计算机。他自愿花周末的时间和学生一起来建造计算机教室。我们把两个小教室合并作为一个大的教研室。这个教室的设计很独特，学生的座位是呈马蹄形的，座位还可以旋转。教师授课时，学生面对教师，背对电脑。当要实际操作电脑时，学生会旋转座位面对电脑。这种设计的美妙之处在于，教师可以看到每个学生的电脑屏幕，监控他们的学习进度。这样学生就不能玩电脑游戏而必须专心学习。

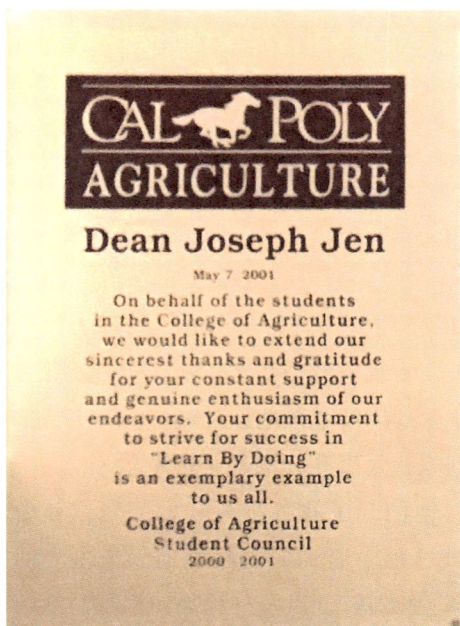

CAL POLY AGRICULTURE

Dean Joseph Jen

May 7 2001

On behalf of the students
in the College of Agriculture,
we would like to extend our
sincerest thanks and gratitude
for your constant support
and genuine enthusiasm of our
endeavors. Your commitment
to strive for success in
"Learn By Doing"
is an exemplary example
to us all.

**College of Agriculture
Student Council**
2000 2001

美国加科大农学院学生会颁给任筑山的感谢奖状。这是该学生会有史以来第一次颁发的奖状（二〇〇一年六月）

我还收到了两份送给这个教室的大礼。一份是惠普公司总裁送来的最先进的电脑，惠普公司总裁是工学院顾问委员会的主席，他听说了我的计划就自动送来了电脑。另一份是一个商学院校友的软件公司开发的一种独特的软件，这个软件可以帮助教师将学生分成几个小组来解决不同的问题。这样，学生在考试或做作业时就没法相互抄袭。在课堂上，教师也可以要任何一位学生在电脑上展示他的学习成果给全班的学生看。学校设备管理的副校长为我们免费提供所有的电路和线路的支持。教室在很短的时间内就建成了，学院没有承担任何费用。有些教师很快就适应了这种教学方式。我们还在这个系统上增加了远程学习设备，可以与其他大学以及我们的斯旺顿太平洋牧场共享教学资源。后来，学校的其他学院和加利福尼亚州其他大学都开始模仿我们的这种教学模式，我们是这种独特教学方式的开创者。

我和加科大农学院校友第一次见面的经历很是特殊。一位杰出校友雷克安邀请我去了他在加利福尼亚州萨利纳斯的办公室。他邀请了该地区的其他几位校友，包括圣塔库斯地区斯旺顿太平洋牧场的总裁爱尔·史密斯先生。在晚宴期间，他们问了我各种各样的问题，其中许多问题与我在面试过程中遇到的问题类似。最主要的是问我对"边做边学"的理解，以及打算如何在加科大农学院恢复实践这个理念。我轻松地回答了所有的问题。我还告诉他们，我设立了教学奖和特别的"边做边学"奖。他们显然对我的回答十分满意，爱尔·史密斯先生还给了我一张五千美元的支票作为我的特支费。特支费是我可以拿来做任何用途的资金。当时和我一起去的还有学校管教学的副校长，在回来的路上，他说他觉得我们是在一个电视脱口秀节目上，而我是那个知道所有答案的获奖人。

加利福尼亚州政府的预算削减让我意识到，我们需要寻找其他的资源来支撑学院的正常运作和为学生服务。校友会让我想起很多校友是一个未被充分利用的资源。于是我雇用了一位刚退休的农商系的教师来担任学院校友发展顾问。他搜集了校友在加利福尼亚州的主要聚集地。我开始逐一去这些地方会见校友和企业朋友，告诉他们我正在为学院寻找外部资助。很快地，我就发现校友们对加州州立科技大学现在的管理方式非常失望，认为学校不再强调"边做边学"的理念。许多校友非常赞同我发展"边做边学"的想法，开始捐款给我，但注明款项只可用于农学院的活动。后来这位农商系的退休教师认为他已经尽力了，毕竟他不是专门的捐款专家。

我想聘用马克·巴尔，他是加州大系统下的弗雷斯诺分校商学院的捐款专家。他曾找到一家资助企业，以资助人的名字给他的学院命名。由于他是加州州立科技大学第一个学院捐款家，学校对此很不高兴，只肯给他开最低的工资，这样我就不能雇用他了。我决定筹资，用加科大基金会的钱雇用他，基金会不在学校工资制度之内，所以学校也无法阻止我雇用他了。

我和马克·巴尔为学院设计了一个独特的标志，并制作了各种各样的小物件，如咖啡杯、行李牌、印有学院标志和"边做边学"字样的磁铁等。学校一开始禁止我以这种形式使用加州州立科技大学这两个字，说他们有专利，别人不能用。因此，我把学校的标志动物放在加利福尼亚州和科技两个字之间，把"农业"放在了下一行。制作好的图案看起来十分漂亮，很多人都非常喜欢，来向我们要这些小礼物。每年春季班结束前，各个系都会有毕业班的学生聚会。我也会每年为将退休的员工举行欢送会。各系的学生都会做些小礼物送给退休的员工，我也会准备些礼物给他们。有一次，一位退休的教师向我要一样礼物，就是我每年发给院内每位员工的小日记本。日记本上是农学院和他们个人的姓名。这位教师和我说这个小日记本的大小正好可以放在口袋或皮包中。因为每天都会看到它好几次，退休后没有了会想念它的。我答应所有退休员工，想要的都可以登记，每年发一本。我想没有人会想到这是我心理战术的利器，小日记本子上写的只有农学院的名字而没有系。每个人每次看到它只会想自己是农学院的一员而不会想到系了。久而久之，自然而然就只想自己是农学院的一员，这样对农学院的向心力很强。很多其他学院和其他学校的教师也想要他们的院长做这件事。可是特支费难得，其他院长都不愿意这么做。

我让马克·巴尔组织了一次最大规模的加科大校友牛仔竞技会，因为我们有很多的牛仔竞技学生，有些学生后来还成为职业选手拿到全国冠军。我们原本希望校长能参加，但他没来。不过，校长后来参加了校友在纳帕谷举办的葡萄酒品鉴活动。许多资助人都很喜欢我的观点：农学院是"边做边学"的发源地，也是"边做边学"的家园。我们很快地就收到许多校友的资助款，我的特支费快速增长，为学院活动经费发挥了很大的作用。

为了增近学院与校友的关系，我让马克·巴尔租了两辆巴士，载着院里的教师和员工们去参观加利福尼亚州各地的农场和工厂。其中一辆巴士向加利福尼亚州南部游览，去贝克斯菲尔德市，那里有专门租借浇水工具的公司、雀巢冰激凌的生产线和大的胡萝卜加工厂，然后去参观圣玛丽亚市的蔬菜加工和冷藏设备，最后参观了圣路市的农业合作社和一家大的农场商店。另一辆巴士去参观了靠近弗雷斯诺市中部海岸地区一个大的奶牛场、莫德斯托市的盖洛酒庄、默塞德市的福斯特农场的鸡肉加工厂，以及爱尔·史密斯的斯旺顿太平洋牧场。教师们了解到了他们教学领域之外的其他农业领域，成为了更好的教师，而校友们则与学生时代的老教师或新教师建立了联系。盖洛酒庄的老板鲍勃·盖洛被我们的精神打动，送了我们几箱一个月后才上市的"落叶"葡萄酒。后来他还和我合作在农学院牧场地内建了一个一百五十英亩的盖洛葡萄园。

在管理像加州州立科技大学农学院这样复杂的单位时，沟通是非常重要的。我对学院的全体教职工和学生都实行开放的交流。每个月，我都会写一封公开信，告诉他们大学里、学院里以及校友聚会上发生的所有重要事情。这种做法很受欢迎，许多其他学院的教职工会来向我们索要信件的拷贝。每当副校长召开院长会议之后，我就召开系主任会议。我经常会在没有提前通知的情况下参加某系内部的教职工会议。我会在没有教师在场的情况下召开每月的职工会议。每个月，我会带一名教师、一名工作人员和学生一起吃早餐，这样学生们就可以咨询有关学院、专业或学校的问题。从来没有哪所大学的院长像我在加科大那样实践这种开放式的沟通。在这种沟通模式下，农学院上下很快地就成为一个团结和谐的整体，每个人都知道我把学院的利益放在首位。他们开始信任我，我管理学院也变得容易些了。

我带进农学院的另一件事是多元文化。由于加州州立科技大学的入学标准高，加州州立科技大学以及农学院拉丁美裔和亚裔学生的比例与加州大其他分校相比非常低。我和院内的其他领导商量之后，请农业工程学院的一位日裔教师成立了一个多元文化活动室。各专业的教职工可以自愿到这里，为少数民族的学生提供免费咨询和帮助。一些教师甚至可以帮助学生解决他们在大学里遇到的社会问题。我邀请了加州大学拉丁美裔的招生办主任来农学院与我们的学生见面。他曾两次带着他的拉丁美裔顾问团来农学院与学生交流。会议结束后，一位顾问和我说："任博士，农业对于我们来说是流淌在我们血液中的。你是我们的英雄。"后来我们学院的拉丁美裔学生人数迅速增加。不到一年，农学院的少数民族入学人数就比其他学院高出四倍。后来有人告诉我，西班牙裔学生给我起了个绰号叫"任爸爸"，这是他们种族最亲热的称呼。

由上可见，我在管理加州州立科技大学时有很多乐趣。每年我都会有新的想法，所以农学院总是在以不同的方式改进。回想我在加州州立科技大学的工作，我想我对农学院的影响持续了三十年：我当了九年院长，我聘请的副院长大卫·维尼当了十年院长，我聘请的动物系主任安第·库伦又当了十年的院长，他至今仍在管理农学院。没想到，我能对这样一所学院产生如此持久的影响，我感到非常地满足。

第十五章

校外活动

　　除了处理农学院的内部事务外，我还参加了很多学院外的活动，其中最重要的是校友关系的建立。为此，我去过加利福尼亚州各地，见了许多校友，也认识了很多加利福尼亚州农业企业的总裁和董事。

　　作为加科大农学院的新任院长，我参加了美国各校农学院院长和主任的年度会议。我惊讶地发现，在近二百名院长和主任当中，除了黑人学院外，只有四名少数族裔人员，包括三名女性和我。由于联邦法律要求文化的多样化，所以我很快就被任命为十五个国家和西部地区委员会的委员。这让我变得非常忙碌，因为要参加很多会议。然而，这也让我有机会在其他大大小小的高校和学院中提高加科大的声望，传播我们"边做边学"的理念。

　　我另一项重要的校外活动是担任加利福尼亚州食品农业部顾问委员会的成员。该顾问委员会一共有十五名成员，其中大多数是加利福尼亚州农业产业的领导。有两名成员是学术界的，他们分别来自加州大学和加州大。另外两名成员代表环境组和消费者。所有成员都是由加利福尼亚州州长任命的，任期四年。每个月我们都会在加利福尼亚州政府所在地萨克拉门托召开一次例行会议。在这三个小时的会议上，我们会讨论影响加利福尼亚州农业行业的重要问题，这些问题通常与加利福尼亚州食品农业部的规定、规则和指导方针有关。加利福尼亚州食品农业部的高级官员大多数情况下都会出席会议。加利福尼亚州食品农业部的部长与一位农业产业界的领导共同担任会议的主席。当时的部长是安维娜曼女士。她毕业于加州大学戴维斯分校，并在加州大学伯克利分校获得了法学博士学位。当她刚被任命为部长时，她认为加州大学戴维斯分校应该是一个很受加利福尼亚州农业企业尊重的院校。令她惊讶的是，事实并非如此。很多人都告诉她，加科大的毕业生才是农业企业招聘员工和管理人员的理想资源。当她遇到我，理解了我们"边做边学"的教学理念后，她对这种哲学理念产生了浓厚的兴趣。让我没想到的是，她后来会推荐我去美国联邦政府工作。

　　除了以上的活动之外，我还参加了许多其他的活动和项目。其中我最喜欢的三个是斯旺顿太平洋牧场、农学大使和盖洛葡萄酒项目。

　　斯旺顿太平洋牧场的主人是爱尔·史密斯。他的父亲从他家车库改造的店面开始经营五金生意，逐渐在加利福尼亚州和美国西部各州拓展了七百家连锁店。爱尔·史密斯不喜欢从父亲那里继承五金生意。他是一个环保主义者，所以他卖掉了原来的生意，用这笔钱买了圣塔库斯市北部一号公路上的三千英亩土地和圣克鲁斯内陆的一块五百英亩的原始森林。他在三千英亩的土地上建了一些房子，把它改造成了农场，用来养牛和种植庄稼。他还建造了一条一英里长的铁路，用来放置他收藏的按三分之一比例缩小的火车以及用来开火车玩。爱尔·史密斯曾就读于加科大，但没有获得学位，后来他在斯坦福大学学习了一些商业课程。由于他没有结婚，也没有孩子，所以他想把他的土地捐赠给加科大或斯坦福大学。唯一的条件是，土地不能出售，且必须保持原状。他向圣克鲁斯县申请，把他的土地

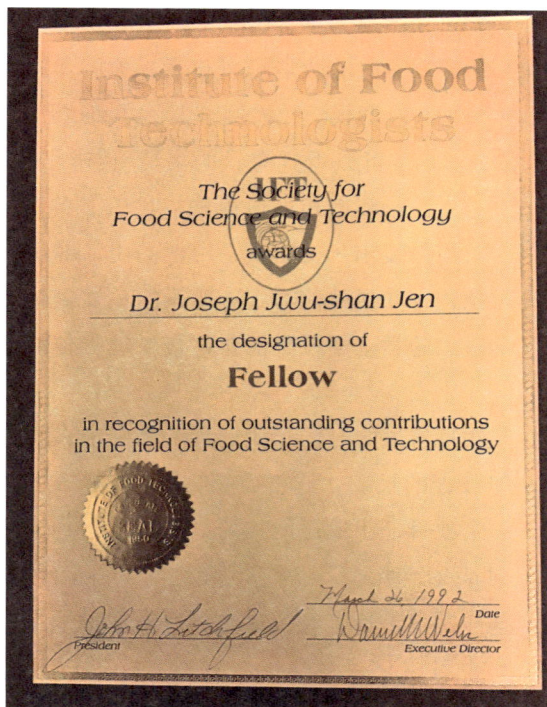

美国食品科技学会颁发给任筑山的院士证书（一九九二年三月）

命名为斯旺顿太平洋牧场，并获得了允许。他在牧场的最高处建了一座房子，可以看到山另一边的大海。他请了加科大来给他的房子做景观设计。学校的接洽人是一位农学院副院长，他是一个固执己见的人，与爱尔·史密斯的关系很不好。当我第一次去爱尔·史密斯的牧场拜访他的时候，他告诉我，这位副院长没有和他商量就把他最喜欢的玫瑰花移走了。因此，他改变了原本想把牧场捐赠给加科大的主意，找了斯坦福大学。可是斯坦福大学不想花时间和精力来管理牧场，除非牧场可以售卖，他们才愿意接受捐赠。我告诉他我会调换学校的接洽人，并和他开玩笑说："哇，你养的是唯一可以看到海景的牛！"他听了很高兴，也很喜欢我的幽默，我们相处得很好。我请了一位动物科学系的教师来协助爱尔·史密斯，用他的生活经历代替了一些必要的课程，并帮助他写了一篇学士论文，最后他终于获得了加科大的学士学位。他非常自豪地把他的学位证书放在了客厅中央。

我记得在夏威夷的时候，我遇到了岛上最大牧场的经理。他是加科大的校友，非常希望协助学校一起做项目。我设计了一个项目，让他把他牧场里的小牛运到斯旺顿太平洋牧场饲养六个月，等到可以售卖之时，再运回夏威夷。我不确定这样做是否具有经济意义，但满足了他帮助加科大的意愿，也可以让很多学生有机会实践"边做边学"。我特别建立了一个单独的加科大基金会的账户，用来处理斯旺顿太平洋牧场从奶牛和农作物中所获得的利润。该账户的款项只能用于建造牧场和学生福利。爱尔·史密斯对此非常满意。

当沃利·马克博士担任副院长一年期满之后，他回到了他的环境资源系担任教授。我聘请他担任了斯旺顿太平洋牧场的主管。沃利·马克博士生性平和，喜欢说笑话。他和爱尔·史密斯兴趣相投，所以他们相处得很好。他在牧场建造了一个教室，环境资源系要求每个学生都要在牧场至少实习一到两个学期。沃利·马克博士给教室配置了远程教学的设备，所以学生在牧场和原始森林不但可以学习管理森林的技术和理论，还可以上一些学校本部的课程，对该系"边做边学"的理念有了很好的实践。当爱尔·史密斯从医生处得知他只有几个月的寿命时，他决定立遗嘱，把牧场和原始森林捐赠给加科大，不过规定必须由农学院管理。

几个月后，爱尔·史密斯在他山顶的家中安详地走了。我在学校里为他举办了一场追悼会，并给来宾准备了一些纪念品。其中一款我特别设计的咖啡杯深受大家的喜爱。绿色杯身上一面是金色的爱尔·史密斯的照片，一面是农学院的标志和"边做边学"的理念。很多没有参加追悼会的人都来向我要这个咖啡杯。加科大贝克校长很喜欢这个杯子，每天都用它来喝咖啡，直到他自己退休。我还用基金会的一部分资金在校长的房子旁边建了一个教师俱乐部，并把它命名为"爱尔·史密斯会议室"。任何教师或学生都可以租用该场地举办小型活动。这间会议室由基金会管理，可容纳三十人开会，只能接受由基金会提供的餐饮服务。基金会负责管理校园内的所有餐饮服务。直到今天，爱尔·史密斯会议室仍在使用中，并且非常受欢迎，常常需要提前几个月预约，因为它处于校园的中心，地理位置非常好。这就是爱尔·史密斯的故事。

农学院有一个农学大使的项目，由农业教育系管理。系中被选为农学大使的学生会到加州的各个初中和高中进行访问，为农业教育系宣传招生。这样学生毕业后可以回到这些学校当农学教师。当我接任院长时，我认为我们学院所有的系都应该进行这样的宣传招生。因此，我要求负责这个项目的教师允许其他专业的学生申请成为大使，并优先批准。农商专业的学生反应很迅速，很快他们就占据了农业大使一半的名额。我又提出了两项新的措施。首先，我为每位大使提供了一件特制的高质量的夹克，上面有我们学院的标志。其次，我让他们担任贵宾访客的校内导游。

当地戴尔·卡耐基培训班的一位讲师是加科大的校友，他想协助农学院做一些工作。我向他介绍了农学大使项目。他对此非常感兴趣，并同意为大使们免费提供一个特别培训班。学生们每周上一次课，每次三个小时，持续十二周，学习公开演讲、招揽新生和给贵宾访客介绍"边做边学"的理念。这些大使的特殊夹克使他们成为许多活动中的焦点。很快，大使们的学术素质获得了提高。许多校园的贵宾访客都非常喜欢他们，为他们提供了实习和工作机会。这个项目完全是由外界资助的。农学大使的名声使得加州的许多大学都纷纷效仿我们，成立了相同类型的团队。每年春天，我们都会在学校举办"农学大使年会"，与大家分享成功的活动。学生们玩得很开心，学校也有了更多的申请者和捐助者。

当我聘请马克·巴尔担任学院发展顾问时，学校发展办公室告诉我们，不能与盖洛酒庄联系，因为汤姆·盖洛曾在学校的美式足球比赛中担任过后卫，而且一直为学校的体育项目捐款。农学院有一位校友曾担任过美国农田基金会的主席。当他在旧金山金门公园的帕西菲卡为他基金会的董事会成员安排他们的十周年庆祝活动时，他让我做了一个关于"边做边学"的十分钟演讲。我的演讲十分成功，许多董事会成员都被吸引了，他们问了很多问题。会后，鲍勃·盖洛和玛丽·盖洛找了我。玛丽·盖洛和我说，她儿子汤姆·盖洛一直在资助学校的体育项目，我告诉她，我知道这事。接着鲍勃·盖洛说，事实上，他们对农业项目比对体育项目更感兴趣。他问我，我们是否有葡萄栽培和葡萄酒专业。我告诉他没有，我们只有一名教师教授葡萄栽培课程，不过我们有葡萄酒营销的专业。

几个月后，我被邀请参加了萨克拉门托一年一度的加利福尼亚州葡萄酒盛会。会上，鲍勃·盖洛和我说他有一个想法，想要将酿酒剩下的葡萄渣进行废物利用，但没有找到好的方法，问我是否能解决这个问题。我告诉他，我们有一个企业项目课程就是专门让学生从事实际工作的。他问这要花多少钱，我说五千美元。他简直不敢相信。他说他给了加州大学戴维斯分校和康奈尔大学几万美元的拨款，但他们的教师在过去的两年里都没能想出一个解决方案。他问我们解决这个问题要花多长时间，我说三到六个月。他立马就给我开了一张支票，把这个项目委托给我们。

我请一位葡萄酒营销专业的教师召集了六名农商、园艺和食品科学专业的学生组成了一个团队。我亲自担任团队的顾问。我记得在金宝公司的时候，我从事过一个用商业酶来减少胡萝卜渣的研究项目。项目没有成功，因为我们虽然减少了固体质量，但酶的消化产物产生了苦味，所以消化胡萝卜渣而产生的果汁不能被利用。但是，我们能够将降解的残渣作为动物的饲料使用，为公司减少填埋费用。学生们根据我的指示进行了葡萄酒果渣的实验，取得了理想的结果。由于盖洛公司只想要减少果渣，所以我们不必担心苦味的问题。当学生们把结果提交给鲍勃·盖洛时，他非常惊喜，立即雇用了两名学生去他的公司实习。他问我是否有兴趣在农学院建造一个葡萄园，因为他一直想在加利福尼亚州中部海岸地区寻找一个用于种植不同品种葡萄的实验田。我答应在一周内给他一份提案。我做了一个项目策划，要求他们提供建设葡萄园所需的设备、气象站等，预算要几百万美元。此外，我还要求他的员工给我们的学生上课，并以预定的价格购买成熟的葡萄来酿酒。农学院的农场将提供一百五十英亩的土地、用于灌溉的水和维护葡萄园的农场员工。土地的位置在农场范围内任选。二十五年后，葡萄园将成为农学院的财产。他同意了我的提案。然而，当我把这个项目提交给学校审批时，遇到了一个问题。从原则上讲，学校用地属于加州政府，不允许外部机构使用和管理。我们也不能出售土地，因为土地出售所得的全部资金都属于州政府。我很失望。

我是学校基金会的秘书，几周后，我问了基金会的主任，盖洛酒庄是否可以和基金会合作这个项目。他说，或许可以，但是过去从来没有过这样的先例。他查了一下基金会的章程，告诉我没有哪项规定禁止这样合作。我转而问校方，如果我们把土地借给基金会，基金会再与盖洛合作建造葡萄园，能否可行。这是一个对学生有益的项目，它又符合"边做边学"的理念，校方找不到任何规定来拒绝这个项目，但他们表示需要向加州大系统的总校长进行申请。总校长对这个想法非常感兴趣，但他必须征求董事会的意见。董事会里大多是企业高管，他们也很喜欢这个想法。当董事会决定在会议上讨论这个项目时，就相当于这个项目被公开了。加州大学总校长在知道了这个项目之后，找了鲍勃·盖洛，因为鲍勃·盖洛是加州大总校长顾问委员会成员，也是他的私人朋友。他问鲍勃·盖洛为什么要在加科大建造葡萄园。加州大有世界著名的葡萄栽培和葡萄酒专业，并且在加州各地都有实验站。他对鲍勃·盖洛说，"如果你在我们的校园建造葡萄园，我将让你的投资翻倍，这样我们就能拥有全国最好的葡萄园。"鲍勃·盖洛知道，不管给出什么理由，加州大总校长都会反驳他，所以他笑着说道："我什么都懂，可是加科大有个叫任筑山的家伙，我非常喜欢他，想和他合作。"加州大总校长无法再问下去，这段会话就此结束了。

盖洛公司、学校行政部门和基金会的律师花了六个月时间才敲定协议的所有细节。与此同时，鲍勃·盖洛两次乘坐直升机来到我们的农场。对土壤进行了分析，并监测了天气状况，最终选定了一百五十英亩土地的位置。他下定决心要让这个项目取得巨大的成功。事实证明他做到了，这个项目最后非常成功。在准备葡萄园期间，美国有线电视新闻网曾两次将这个项目向全国报道。记者说这是大学和企业合作的模范。因为学生可以得到实际工作技能，毕业后立即可以为公司工作。这就是盖洛的故事。

从上面的三个故事中你可以看到，我在学校外所从事的活动也与我作为院长的工作紧密相关，同时又满足了我的兴趣和挑战欲。它们给我的工作增添了更多的乐趣。

第十六章
工作机遇

来加科大工作还不到一年，我收到了一份邀请函，让我申请加州大尤里卡校区的副校长兼教务长一职。我对此感到很意外，因为提名我的是加州大系统下一个在波莫纳分校区的农学院院长。加州大系统下只有四个分校有农学院，所以我们之前见过面。后来我问他这件事，他说他认为我只担任一个农学院院长是大材小用了。由于我刚到这里不久，对学校的管理还没有完全熟悉，所以我婉拒了这份邀请。

随后的几年里，我又收到了几封加州大其他分校的邀请信，邀请我去担任副校长和教务长职位，但都被我拒绝了。我还收到了一份邀请让我去加州大学默塞德校区担任副校长和农学院院长。加州大默塞德校区是加州大学新成立的第十个校区，位于加利福尼亚州中部农业发展最发达的区域。可是该地气候炎热，所以我也没有接受邀请。

后来我收到了夏威夷大学的邀请函，邀请我申请夏威夷大学农学院院长。夏威夷大学是夏威夷州的赠地大学。一百五十年前，一位叫海崔的参观员提出法令，让联邦政府捐出土地送给每个州的州政府，用于建造农业大学。因为当时美国农业人口占全国人口的百分之五十以上，农业是直接对人民有用的学科。另外，他又通过立法在每个州的赠地大学成立了该州的农业研究站，每年由联邦政府提供研究的经费。一般赠地大学的农学院是院长，负责对外事务、协调院内事务，并有最后决定权。院长手下有三个副院长，分别主管教学、研究和推广事务。这三元一体的制度沿用了一百多年，直到今天仍十分有效。院内的大部

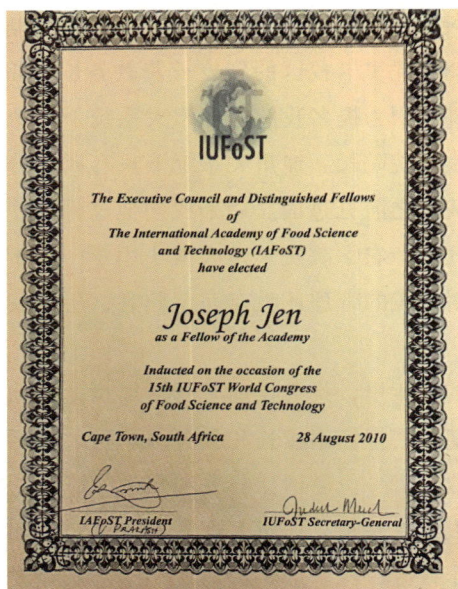

国际食品科技学会颁给任筑山的院士证书
（二〇一〇年八月）

　　分教授都是教学与研究并重。他们一般不做推广教育的工
作，但有时为了协助推广教授，他们也做一些短期的实验，
帮助农民。

　　赠地大学推广教授的主要任务是向乡镇的推广人员教
授有关食品安全、营养卫生的操作和理论。美国每个乡镇
都有推广人员，以协助农民和居民解决一些实际的问题。
这些推广人员的薪水和推广经费，有三分之一由联邦政府
供给，三分之一由州政府供给，另外的三分之一是由乡镇
供给或是由当地的农业食品公司捐助的。他们对农民和居
民的服务是免费的。这是美国政府给人民的福利。

美国大的农业企业有问题要解决时，会花钱请和这个问题相关的专业教授为他们解决。中小企业没有这么多经费，所以一般都求助于推广教授。因此有些推广教授也有部分工作是做研究的。推广教授除了为农民服务外，也对居民家中所种果树和蔬菜的施肥以及防病虫害的农药施用时间和用量予以指导。对城市居民而言，推广教授则是对养老院、幼儿园、医院的营养用餐作计算，制订清洁方针以维持他们的身体健康。一般赠地大学的教学研究和推广教授都相互协助，使三元一体的制度运作良好。

一方面是出于好奇，另一方面也为了表达对我的推荐人——夏威夷大学的食品科学系主任的谢意，我决定向夏威夷大学递交申请材料。没想到这次申请是一段有趣的经历。

如往常一样，我准备了很好的申请资料，并且参加了视频的选拔，顺利地进入最终三名候选人的名单，被邀请去校区面试。夏威夷大学的面试是一次很愉快的经历。我当时并不知道夏威夷是美国最民主的州，我在夏威夷岛共待了一周。除了参加檀香山主校区的面试之外，我还去了另外三个小岛，并在这些地方见到了许多教师、学生和校友。总共差不多见了一千人。后来他们告诉我，他们每个人都有权利对进入最终面试的三名候选人进行投票。

如往常一样，我为面试做了精心的准备，并对夏威夷大学农学院未来的发展提出了两个规划。在面试时我主要表达了两个观点：首先我认为夏威夷大学应该设立一个特色专业，使学校的农学院在全国所有农学院校中脱颖而出。

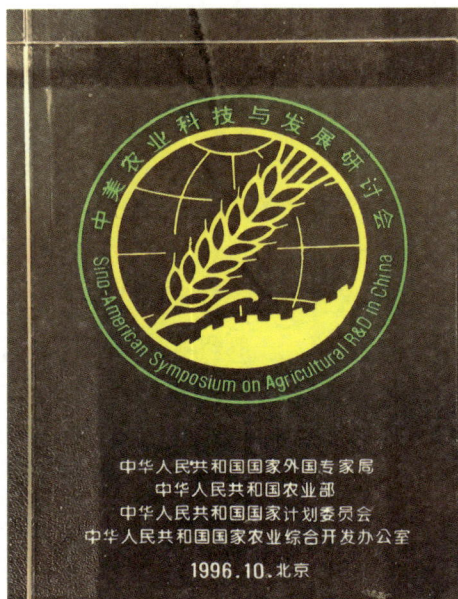

任筑山担任中美农业科技与发展研讨会的主题演讲人和四个分组之一，农业教育与管理分组的主持人（一九九六年十月）

我们的目标并不是和其他赠地大学竞争诸如生物技术、环境保护和农业生产等方面的研究工作。相反，我建议以夏威夷大学作为连接东西方交流的桥梁，每两周举办一次国际研讨和学术会议。夏威夷大学在多年前就已经成立了一个东西文化中心。这让研讨会的启动工作可以不费吹灰之力就能完成。夏威夷处于东西方国家的中间，是一个理想的度假胜地。许多科学家、政府官员、业界人士都很乐意参加这些研讨会。尤其是亚洲国家的科学家，他们不用再大老远跑到美国本土其他的州去开会。美国科学家也不用跑到遥远的亚洲国家去开会。对他们来说，参加这些会议从经济上来说更有意义，同时也给参会者一个带家人来夏威夷度假的机会。我的第二个观点是在夏威夷群岛发展农业旅游业。夏威夷大学是美国拥有旅游学院的两个学校之一。因此，农学院与旅游学院合作开发世界一流的旅游项目是自然而然的事情。

令我意外的是，我在面试过程中遇到了加科大的许多校友。原来在七八十年代，夏威夷大学和加科大就有合作的项目。很多夏威夷大学的学生，都到加科大读学位。这些人当然也是我竞选农学院院长的支持者。

我从夏威夷回来一周后，夏威夷大学的副校长兼教务长又打电话给我，邀请我再过去一趟。这次是让我和心伟一起去看房子，于是我和心伟一起踏上了旅途。去了之后，我们才知道檀香山的房价较高，仅靠担任农学院院长的工资是远远不够的。我们只能在檀香山市中心租一套公寓或是住在岛的另一边，每天开车上班。我有一个台湾大学的同学——唐崇实博士，他在夏威夷大学当了三十多年的植物病理学教授。在我准备面试期间，他给我提供很多资料。唐崇实博士带我们参观了他家所在的小镇。他住在岛的另一边，需要穿过山顶的跨岛高速公路，每天上下班单程要半个小时到两个小时的车程。这对我当农学院院长的工作是一大不利因素。在我们准备离开檀香山的时候，夏威夷大学的副校长问我在什么条件之下才愿意接受他的邀请，担任夏威夷大学农学院院长之职。我想了一下，说有两个条件。第一是檀香山的生活消费水平太高，我需要一个更高的薪水。她立马给总校长兼檀香山分校的校长打电话商量。总校长同意破例给我一个比夏威夷大学设立的最高院长工资限制更高的薪水。从实质来说，这个薪水已经比加科大校长布朗的还高，而布朗校长的薪水是加州大系统中薪水最高的人，这个待遇可以说很优厚。可是她无法答应我的第二个要求，那就是夏威夷大学面临财政危机，必须减少教职员工的人数。我同意尽力在农学院裁员，可是我要求每裁两名员工，校长另外给我一个名额，这样我可以在以后需要时把他们安排在理想的位置。她说所有裁员后的位置都回到总校长那里，因为政治的原因，总校长无法同意把名额分给檀香山分校，即使给檀香山分校，也不一定给农学院。我和方心伟商量了很久，决定放弃夏威夷大学这个很好的机会，主要是因为夏威夷离美国本土太远了，到加州要坐五个小时的飞机，去其他州又要坐五个小时的飞机。我们在夏威夷大学除了唐崇实这个朋友之外，其他熟人一个也没有，加上夏威夷的气候炎热，我们不可能将来在那里退休。我很遗憾地告诉副校长，我在加州州立科技大学有几个计划正在进行，我不能中途离开。

后来我才知道当年我面试的时候，得到了百分之八十的投票，这是夏威夷大学从来没有过的现象。一般三个候选人没有一个人会有超过半数的选票。他们要在前两名候选人中再投票才能选出新的院长。夏威夷大学经过两次招聘之后都没有找到和我有同样能力的院长。最后他们雇用了密歇根州立大学的杰克·来富轮博士，我和杰克·来富轮博士当年在密歇根州立大学就熟悉的，他向我咨询过这个职位。杰克·来富轮博士是个很保守的人，倒也适合夏威夷大学的传统。他做了一轮五年的院长又回到了美国本土的艾奥瓦大学当管教学的农学院副院长。后来夏威夷大学聘用了一位日本裔的美国人，他原来是俄勒冈州立大学农学院的副院长。我们以前就认识，他请了一位华裔当管教务的副院长。这位副院长曾在阿拉伯国家阿曼担任过该国唯一一所综合大学的农学院院长。他曾经请我去当管理顾问考察他们的农学院。多年以后，当我们再以游客身份到夏威夷群岛旅游时，仍然有几位夏威夷大学的教授和员工记得我曾经拒绝担任他们农学院院长的邀请，这使我很不好意思。

二〇〇〇年，我收到艾奥瓦大学副校长的电话，他说我被提名为艾奥瓦大学农学院的院长候选人。艾奥瓦大学是艾奥瓦州的赠地大学，而且在所有赠地大学里声望很高，尤其以大学部的教学质量好而著名。我出于好奇，很想看看这所著名的赠地大学的情况。

经过第一轮的初步视频面试后，我成功进入了最终的面试环节。我为面试做好了充分的准备，在面试中做了一次令人印象深刻的发言，说明了我对本科教学的建议，鼓励教师们利用创新的思维和方法教学。面试小组是由一大批教师、校友和艾奥瓦州农业界领袖组成的。我发现了农学院的一个主要问题，在三元一体的制度下，艾奥瓦大学很特别，农学院管推广的副院长是由学校管外事务的副校长兼任的，而院长只负责学院的教学和研究项目。面试结束后，教务长打电话问我，开什么条件我才会接受这份工作。我向他说明了我对推广工作的担忧，我认为推广工作应该从副校长手里交出来，交由院长负责。当时的教务长也是新上任的，我想他可能没敢向校长说明我提出的要求。因此，我最终没有成功当选为院长。由于我得到了所有年轻有为的教师、教职工、校友、学生和艾奥瓦州的商界领袖的选票，他只能公开说最终候选人名单里没人能胜任这份工作，他们只能再重新寻找新的候选人。

从艾奥瓦州回来的路上，我遇到了安维娜曼女士，她当时正好去艾奥瓦大学参加一个经济学会议。她说她很理解艾奥瓦大学为什么会拒绝接受我这么一个有创新理念的人担任院长。因为艾奥瓦大学是一个很传统的学校，不容易接受创新的理念。她还说管外事务的副校长是一个很难相处的人。后来我参加美国农业部工作时，遇见了一位同僚是艾奥瓦州农业企业界的领袖。他知道我去艾奥瓦大学的一切，他对我说："艾奥瓦州的损失是国家的收获。"

多年后，在我结束华盛顿的工作再回到加科大时，我接到了加州大尤里卡分校校长的电话。这位校长就是当年我去艾奥瓦大学面试农学院院长时艾奥瓦大学的副校长。他把当时的情况告诉了我。当时唯一反对学校聘用我当院长的是一群靠联邦政府拨款生活的老教师。他们担心我会强迫他们教本科生。艾奥瓦州有很多的国会参议员和众议员，教师们除了可以享有联邦政府的拨款外，还享有很多其他权利。这些教师靠联邦政府的补助金生活，日子过得非常舒适，不想让我打破他们舒适的生活。尤里卡分校的校长想让我去学校担任教务长，但我年事已高，对管理工作日常事务的工作已不感兴趣。

　　由上可见，我有很多机会可以离开加科大。尽管如此，我还是没有离开。我们在圣路易斯奥比斯波市享受着加州中央海岸的生活，我在加科大的工作也很开心。我们本来打算就此结束我的职业生涯，在此退休。然而，来自华盛顿的一通电话改变了我们原有的计划。

　　我做事具有前瞻性的理念。在和夏威夷大学、艾奥瓦大学的交流中，我都会为接受职位后的工作着想。如果学校接受我的要求，我上任后工作成功的机会很大。我想我可能天生就是个有远见的人，因此才会如此顺利。

第十七章
来自华盛顿的一通电话

　　我的第五次职业变动是被选为美国农业部负责研究、教育和经济的副部长。美国联邦政府雇员有两类：一类是专业的职业员工，另一类是总统任命的政务官。政务官是管理人员。有时候，管理职业员工是一个相当大的挑战。因为他们会在政体里呆很长一段时间，所以如果他们不喜欢你，他们可以口头上敷衍你，但不做事。他们可以拖到你被换掉，因为大多数政务官任职不超过两年。我干了五年，是相当长的任期了。我喜欢这个工作上的挑战，并且我发现我的职位权力很大。如果我专注于工作，而不考虑任何政治前途，我能够完成许多对美国和世界公民有益的、有意义的项目。

　　二〇〇一年一月，新总统乔治·布什宣布了几位新的内阁成员，其中一位是即将出任美国农业部部长的安维娜曼女士。安维娜曼女士曾是加州食品农业部部长。她是美国有史以来第一位女性农业部部长。当得知这个消息后，我对方心伟说："我们可能会接到华盛顿那边打来的电话，邀请我去美国农业部工作。然而，在美国农业部的所有职位中，我只对一个特定的职位感兴趣。但这个职位级别太高了，我想他们不会考虑我的。"两个月过去了，我没有接到电话。我认为这一次我的直觉错了。

　　当年三月底，我收到在华盛顿特区的全国科学学院的邀请去参加一个会议，该院是当年林肯总统成立的一个非营利、非官方的组织。学科学的人如果可以成为该院的院士将是终生最大的荣誉：院士不是推荐和选举出来的，而必需是由现任院士数人联合提名，经过严格的审查后由全体院士投票通过才能成为院士，学院出版的期刊是全美和全球最高水准的文献。学院也经常受各方的委托组织小组委员会做公正第三方的审查，审查报告为各方所器重。

我被邀请参加一个小组委员会，其目的是考察美国农业部下的州际研究、教育和推广合作局（详情见下章）的效能。这个会议是由艾奥瓦大学的一位教授主持的。就在我要去华盛顿的前一天，我接到了一个电话，来电者自称是美国农业部白宫通信联络处主任。他问我去华盛顿参加会议时，能否和他一起吃个午饭。我询问他有什么事情，他说我们最好面对面谈论这件事。

两天后，我在预定的餐馆见到了一个年轻人。他一上来就直截了当地对我说："安维娜曼部长想提名你为负责研究、教育和经济的农业部副部长，你觉得如何？"我心想："天哪，我的直觉终究是对的！"他接着说道："这个职位的薪水比你目前加州州立科技大学院长的薪水要低百分之十，这职位是由总统提名，美国国会投票来确认的。它有很多限制。"他接着给我介绍有哪些限制，但我的思绪早就飘到其他地方去了，他说的许多限制我都没听清楚。最后，他说，虽然安维娜曼部长提名我为候选人，但总统是否会把我的提名送到国会，以及美国参议院是否同意总统提名，还都不能确定。

我知道这样的职位有很大的吸引力。许多参议员、国会议员、行业团体、学术研究机构和非政府组织都会向白宫推荐候选人。通常情况下，美国农业部部长也会向总统推荐几位候选人，让总统从中挑选出符合政治考虑的合适人选。因此，我问他，部长打算推荐多少名候选人。他回答说，负责研究、教育、经济的副部长在很多方面都需要有很强的背景。部长对我的能力非常有信心，所以我是她唯一向白宫推荐的候选人。我问他能给我多少时间考虑这个提议。他说："到明天中午！如果你决定接受提名，你可以明天下午去白宫人事办公室开始漫长的提名申请程序。"

当天晚上我打电话给方心伟，商量了这件事。一方面，我感到非常荣幸，安维娜曼部长如此看重我，仿佛命运在召唤我。据我所知，从来没有亚裔美国人在美国农业部担任过副部长的职位。事实上，亚裔美国人连助理副部长的职位都没有担任过。我有一种需要我去打破这块玻璃天花板的使命感。另一方面，我也知道担任这个职位很难，有很多挑战。奇怪的是，这个想法反而让我很兴奋，因为我喜欢挑战。方心伟非常支持我接受这份邀请，她对我的使命感和我将要面临的挑战也同样感到很激动。

第二天，我打电话接受了提名邀请。他告诉了我白宫人事办公室的地址，后来又打电话给我，说他已经为我预约了次日去办公室的时间。第二天在办公室，一位年轻女士问了我一些日常问题，然后递给了我一大堆表格，让我尽快填完。

有趣的是，在国家科学院会议期间，我们在休息时讨论了美国农业部负责研究、教育和经济的副部长的可能人选。会议的许多成员都有他们喜欢的候选人。尽管如此，大家一致认为，普渡大学的农学院院长，也是时任副部长的顾问委员会主席，是最有希望的候选人。

我花了很多时间填写那些表格。表格的内容非常详细，我需要写下自我出生以来的一切信息，列出我所有的近亲，我的学术培训经历，我曾经做过的每一份工作，我的每一位上司、我最好的朋友和同事、我的学生以及我邻居的名字，我父母何时去世。在过去十年里我的每一次国外旅行，去了哪里，去了多少天，我为什么要去，这些都要填。还有很多关于我财务状况的详细问题，我买过和卖掉的每一支股票，我拥有的所有资产，我的个人爱好，我什么时候开始有这个爱好的。我这一生填过很多表格，但没有哪一个可以和这个表格相比。

两周后，当我需要再一次去华盛顿参加国家科学院会议时，白宫人事办公室的一位女士打电话给我，告诉我她已经为我安排了与她上司的会面。到了约定的时间，我又去了一趟人事办公室。这次一位中年男士上来和我握手，招呼我。后来我才得知他是白宫人事办公室的副主任。他对我说的第一句话是："你怎么不是共和党人?"我很惊讶，但随即回答道："我是加州州立科技大学农学院的院长。院长的主要工作之一就是向校友募集资助。我的校友中有一半是共和党人，另一半是民主党人。如果我是共和党人，那民主党的校友们就会犹豫是否要全力支持我的学院。如果我是民主党人，那么共和党的校友同样也会犹豫。因此，我是无党派人士，但我投票时一般都偏向共和党。"他听了大声笑说，这是他第一次听到这样的理由，但他可以理解我的想法，这是一个非常实用的可以完成我工作的方法。我们谈了将近一个小时，主要是为了确认我表格里填的内容，以及一些敏感的问题，比如我是否雇用过非法移民、我是否喜欢举办派对等。最后，他告诉我，我通过了第一轮的候选人资格审查。接下来需要接受美国联邦调查局的调查。

一周后，一位美国联邦调查局的探员来到我家，和我谈了两个多小时。在了解到我一生都过着清白的生活，没有什么可隐瞒的之后，他向我抱怨说，在通常情况下，美国联邦调查局会给六个月的时间来完成像对我这样的详细安全检查，但这次白宫要求他们在六周内完成。第二天，另一位探员和方心伟谈了两个小时。加州州立科技大学的贝克校长也接受了两个小时的谈话。我的许多前同事和我的学生都接受了访问，就连我在台湾的母校也受到了调查。我的邻居告诉我们，他们被问到我们是否举办过疯狂派对、雇用过非法移民当园丁以及我是否是个好色之徒。最后，我想我顺利地通过了美国联邦调查局的调查。五月下旬，白宫通知我，总统已将我的提名提交给美国国会。消息很快传到了当地的报纸和美国的几家中文报纸那里。我接到了不少媒体的电话，想要采访我。当地的一则新闻报道指出，如果我的提名通过，我将成为不仅是加州州立科技大学，而且是整个加州大系统中的第一位内阁官员。后来我才知道，我是有史以来唯一一出生在中国大陆，而在美国联邦政府担任过内阁官员的人。

正巧加科大邀请了安维娜曼部长担任二〇〇一年春季毕业典礼的演讲嘉宾。她做毕业演讲时，提到了我的名字。

她说："我向你们借用几年你们的农学院院长，让他去华盛顿特区协助我管理美国农业部。"

六月中旬，我按要求在美国农业部接受了为期一周的培训，以应对美国国会的审批程序。他们给了我一本布鲁克莱恩研究所①的书，名叫《如何通过总统任命官员的国会面试》。我和印第安纳州的詹姆斯·莫斯利先生一起接受了培训，他被提名为美国农业部常务副部长。我们进行了几次与国会工作人员和熟悉确认听证会程序的著名说客的模拟会议。詹姆斯·莫斯利先生和我还被要求与美国国会工作人员面谈，以了解我们的财务和其他背景情况。不过，我们并没有按计划在六月份举行听证会。我们被送回家待了几个星期。后来，国会决定在二〇〇一年七月九日举行听证会。

我邀请了我的妻子、我的弟弟、我的姐姐和我的好朋友罗昭容博士（她代替了我妹妹的位置）出席听证会。听证会上挤满了记者、说客和特殊利益人。詹姆斯·莫斯利得到了两名印第安纳州的国会议员的发言支持。但没有任何一个来自加州的议员帮助我。参议院农业委员会主席是来自艾奥瓦州的民主党人。我有三分钟时间可以发言。在这三分钟里，我主要陈述了一个事实：美国让我这样的第一代移民在联邦政府担任如此高级别的职位。我说在我和

① 布鲁克莱恩研究所成立于1916年，是一个非营利非官方的民间组织，经费来源是个人和团体的会费和捐赠，主要是做经济方面、政策方面和顾客反应等研究，在美国一般称之为智本团（think tank）。中国也许没有类似的组织，该所出版的研究报告和许多教育书籍很受学术界和政府机构所器重。

方心伟刚结婚时，我们仅有四十八美元开始我们共同的生活。我将尽我所能成为一名优秀的美国公民和联邦政府官员。艾奥瓦州的参议员告诉我，他知道艾奥瓦大学想让我做他们的农学院院长，但我拒绝了他们。我以为他会因此跟我过不去呢。相反，他很支持我，他声称他自己也是第一代移民，欢迎我加入，一起为美国联邦政府服务。有几位来自其他州的参议员提了一些问题。大多数情况下，这些参议员只是想发言来取悦他们家乡的人。有两个议员甚至在詹姆斯·莫斯利和我回答完他们的问题之前就离开了。整个听证会持续了两个多小时。

当天晚上，我们收到通知，委员会已经通过了我们的提名，并于当晚将我们的提名提交给参议院全体成员进行投票。第二天，参议院全体通过了我们的提名，并将其提交给了白宫，布什总统于七月十日签署了确认书。詹姆斯·莫斯利和我于七月十一日宣誓就职。我的办公室在惠顿大厦的二楼，这是华盛顿特区国家广场上唯一的联邦政府大楼。

由于我的职位属于联邦政府最高的安全许可等级，所以我参加了几次安全培训。我了解到在总统任命的三千多人中，只有少数人得到这种等级的安全许可。我记得有从未见过的安保人员来我的办公室，给我看了一些高度保密的文件。我不能做任何笔记或复印任何资料，而且只能看一遍，然后把文件还给坐在我办公室里等我看完的安保人员。当我被邀请参观位于纽约长岛区外的一个小岛的农业研究所实验室时，我再一次体会到了最高安全等级的含义。

这个小岛是进行生物武器研究和实验的地方。人们只能从长岛或康涅狄格州纽黑文乘坐渡轮到达该岛。所有在岛上工作的员工都住在渡口附近。在登上渡轮之前，渡口周围区域都进行了严格的安全检查。我们到岛上之后，又一次进行了搜查，我需要把我的公务护照留在入口处。在经过几扇拱顶门之后，我被要求冲澡，穿上特殊的生物防护服（很像电影里的太空服）进入实验室。实验室主任当我的向导，把我介绍给了几位来自俄罗斯的杰出科学家。显然，这些科学家是二战后从俄罗斯移民到美国的。

有一次，我在国家科学基金会的一个特殊房间里参加一场特别的科学研究会议。除了严格的安检外，任何种类的文件都不允许带进或带出这个房间。美国联邦调查局和中央情报局的特工人员都参加了这次会议。会议主题是生化武器和微生物。我们主要讨论的是肉毒杆菌毒素。作为一个食品生物化学家，我很了解这个题目。肉毒杆菌在厌氧条件下生长，会在加工不当的罐装肉中生长并产生肉毒杆菌毒素。这种毒素对人类是致命的。

伴随最高安全许可的一个有趣的影响是，我的这一生都将受到美国联邦调查局和中央情报局的监视。这也是我退休后经常拒绝为别人写推荐信的原因之一。如果我写了信，美国联邦调查局和中央情报局可能会检查他们的整个文件，延误他们申请的时间。

第十八章
管理美国农业部的科技、教育和经济部门

美国农业部科技、教育和经济部门的工作要求远比我
预期的还要高很多，也是很有影响力的。其中多数人不知
道的一点是，这个职位需要签署一份最高机密的安全协议
书。彰显这一职位有显著影响力的另一件事体现在华盛顿
的《国家》期刊上。这本期刊每两年会评选一次"全国
一百位最具影响力人物"。我在二〇〇二年登上了这本期
刊的封面。我的照片在处于封面中央的国务卿科林·鲍威
尔的旁边。这一百人是来自政府、企业和非政府组织的高
管。有几个内阁人员还一直没被评选上。期刊内容对封面
人物进行了简单的介绍。对我的介绍是这样的：很低调，
对美国、中国以及亚洲的关系做出了重大贡献。我曾代表
美国访问过中国、日本、印度、法国、匈牙利、澳大利亚、
印度尼西亚和马来西亚。

我这个副部长的主要职责有四个：第一是管理美国农
业部下属的四个部门，分别是农业研究所，州际教育、研
究和推广合作局，经济研究所和国家统计局。第二是代表
美国农业部出席国会的预算听证会，处理科技、教育和经
济部门的运作，以及出席所有与科学技术有关的联邦政府
会议。第三是担任白宫科学技术委员会的委员。第四是作
为美国首席科学家，代表美国政府出席各种国际会议。

虽然我的工作没有规定正式的上班时间，但这并不影
响我的工作，因为我随时都需要听候美国农业部部长和白
宫的差遣。在正常情况下，我的上班时间是周一到周五的
早上七点到下午六点。如果没有什么紧急事情要处理，我
周六只工作半天，周日和节假日都可以休息。由于我们没

有充足的资金在华盛顿特区买一套房子，只能在马里兰州银泉市一个叫"休闲世界"的老年人社区买了一栋联排别墅。我从住的地方到办公室要半个小时到两个小时的车程，这样我的工作时间就非常长。

我的办公室位于国家广场的惠特曼大厦的二楼，毗邻史密森学会大楼。这是国家广场上唯一的联邦政府办公大楼。美国农业部科技、教育和经济部门的办公室在主楼的一端，面向国家广场，共有七个房间。我刚搬去办公室时，办公室的整体分布是这样的：最后一个房间是我的行政助理的办公室，他的办公室旁边是一个小的会议室。会议室旁边是我的办公室，我的办公室旁边是另外两个助理的办公室。两个助理办公室的旁边是助理副部长的办公室。我们在房间里就能看到国家广场。我们房间的对面有三个房间，分别是科技、教育和经济部门预算主任的办公室，我的两个保密助理的办公室。我的保密助理是由美国农业部白宫联络处任命的。美国农业部给我下拨了一笔款项，用于置办办公室的新家具和其他用品。我决定把我的办公室搬到最后的那间小会议室，将我原来的办公室改作一个大的会议室，并装上视听设备，这样我们就可以与外界进行电话会议和视频会议了。整个惠特曼大厦里都没有这样的设施。美国农业部的工作人员说我不能这么做，因为原来的那间会议室太小了，不符合作为副部长办公室的标准。我量了一下房间的大小，让他们在行政助理办公室和小会议室之间打开一扇门，这样房间里的空间就大多了。从我的新办公室向窗外望去可以直接看到华盛顿纪念碑。我的

很多访客都很喜欢从这个角度欣赏外面的景色，并拍照
留念。

美国农业部研究院颁发给任筑山的感谢奖状（二〇〇五年九月）

方心伟陪我搬到了华盛顿。我们只用三个小时就决定
买下在银泉"休闲世界"的一栋联排别墅。这是我有生以
来做过的最好的投资。我们在那里住了五年后，房子卖出
的价格是买时的两倍多，我从中赚了不少钱。成人社区里
有一个俱乐部，开设电脑课、西班牙语课等，方心伟可以
去学习。那里的教师们都对方心伟非常友好，因此在我们
从华盛顿搬走时，我们把电脑、打印机和一些配件都送给
了计算机教研室。离我们家不远的地方还有一个叫马里兰
州的老年活动中心。有时候，方心伟想去那里，因为她可
以把我送到银泉地铁站让我乘地铁去上班。史密森学会那

也有一个地铁站，离我的办公室很近，我可以从那里下地铁步行去我的办公室。方心伟喜欢老年活动中心开设的舞蹈课和木工课，还在那里自愿当上了太极教练。为了保护我的身份，她从未向别人提过我的名字。因此，有一次我和她一起去老年中心时，工作人员看到我来非常兴奋并跟我打招呼说："方先生，很高兴你能加入我们！" 即便如此，对方心伟来说，华盛顿的生活依旧很无聊，因为我们在这里的朋友很少。

　　每周一早上，部长会召开员工会议，回顾总结过去一周的工作，并布置新的任务。当天下午我会举办部门会议，参会的主要是四位行政人员、预算主任和几个办公室职员。除了向他们传达上午部长在会议中提到的重要事项外，每个行政人员还要向我汇报他们所在机构上周的重要活动以及需要我指导的事项。

　　作为负责科技、教育和经济部门的副部长，我做的第一件事就是用剩余的年终自由裁量基金购买了三十六台核酸测序仪，放在农业研究所的实验室中。员工们对我的行为都很震惊。因为在我前面的几任副部长都会拿这笔钱度假。我的这一举措得到了国家科学基金会主任的赞扬，他也是美国白宫科技政策局办公室下多个委员会的主席。美国白宫科技政策局的主任是总统身边的一名工作人员，他每天都会和总统见面，并为总统解决科技方面的问题。国家科学基金会主任惊叹地说："哇！美国农业部终于来了一位真正搞研究的科学家，以后可以共同探讨问题了。"

　　我在农业研究所做的第二件事是升级了研究审查系统。

在美求學專刊
＊全美最佳高中簡介 ●公立與私立學校的區別 ＊最新全美大學排行榜
● 最新移民動態 ● 科技新趨勢 ● 美加綜合新聞

美國通

HOW2USA Published by SBS. PO Box 10016, Oakland, CA 94610-0016．Tel: 1-877-How2USA(469-2872)．Fax: 1-888-727-1888．e-mail:info@How2USA.com

http://www.HOW2USA.com

November 2003
Vol. 4 Issue 11

Asiadepot.com
ChineseCensus.com
How2USA.com
ZhiMao.com
S-B-S.net

How2USA

加州版

淡泊名利 寧靜致遠
以東方文化倫理挑戰「玻璃天花板」
——記美國農業部首位華裔副部長 任築山

任筑山接受《美国通》期刊的访问，并被登上期刊封面（二〇〇三年十一月）

农业研究所的评审系统已经建立很多年了，但是评审一直都是由内部评审员执行的。我要求他们邀请外界知名的科学家对研究员的表现进行评估，并得出评分。这个评分将会与他们年终的加薪考核挂钩。我还要求每个研究员提交经济影响的报告，这样在进行预算分配时，便于说明他们的研究项目的重要性。我甚至还去旁听了我熟悉领域的评审。自此以后，农业研究所的研究员在写研究计划时会经过深思熟虑，而且内容写得也十分详细。由于农业研究所的研究项目比较耗时，我要求他们每五年做一次评估，但研究员每年都要提交年终报告。最后，我希望农业研究所能够为研究人员提供充足的资金，这样他们可以有足够的资金来聘请一名博士后、一名专业的技术人员，购买小型设备及实验用品。我还要求州际研究、教育和推广合作局向农业研究所的科学家开放农业研究计划的项目，让他们可以与赠地大学和其他科学家竞争。在我任职期间，我认识了很多优秀的研究员，同时也吸引了许多其他机构的优秀研究员来农业研究所工作。

在农业研究所成立五十周年庆典活动上发生了一件有趣的小故事。我在不知情的情况下，模仿了林肯总统的演讲方式。作为副部长，我每天都会收到很多邀请，请我在各种会议和活动上发表演讲。因此，我身边有六个专门撰写演讲稿的撰稿人员。四个机构各有一个人员负责相关主题演讲稿的撰写，一个人员负责国际会议的撰稿，一个人员专门负责精美幻灯片的制作。当我在飞机上准备做一个演讲时，经常有人为我送上演讲稿。我只有两次没有使用演讲稿。一次是在亚太地区年度会议上，另一次就是在农业研究所成立五十周年庆典活动上。因为当时我的撰稿人来不及根据我的意见完成一份演讲稿。于是我在飞机上随便找了一张餐巾纸，在上面简单写了几个字，就开始了演讲，演讲时我还向观众展示了这张餐巾纸。我不知道林肯总统当年在发表重要的葛底斯堡演讲时，用的也是这种方式。除了我们这些没有在美国上过小学和中学的人外，每个学过美国历史的美国人都知道这个故事。因而，当时农业研究所的听众一定以为我是为了给他们留下深刻的印象而故意这样做的。庆幸的是，我的演讲吸引住了他们的注意力，每个人都很仔细地听我说的每一句话。会后几个研究所的负责人过来跟我说，听到我打算恢复农业研究所的长期基础研究项目，他们感到非常高兴。他们还说，终于有一位真正的科学家来担任美国农业部科技、教育和经济部门的副部长了。

我一直都在尽力找机会去参观农业研究所的研究中心。研究所在美国和其他六个国家共设有一百零六个研究中心。其中有些研究中心之前的副部长从未去过。我记得有一次我去俄克拉荷马州的伍德兰研究中心参观时，那里的人告诉我，最后一次来访问这里的华盛顿官员是罗斯福总统。还有一次，我需要去山板参加会议，顺道去关岛访问。关岛没有国会议员，不过有个代表在美国国会工作。当关岛代表知道我要去时，立即要我去她的办公室和我拍照留念，并通知了关岛的州长。当地的州长见到我十分激动，立即派了一名保安时刻保护我的安全。这个保安人员整晚都要在我的房间外。我以前从未受到过这样的招待，以后也再没有过。

经济研究所的主要任务是研究、审查和预测美国以及世界的作物和牲畜未来的经济发展情况。但是，以往由于缺乏资金和没有合适的研究人员而不能从事感兴趣的项目。在我任职期间，我把经济研究所的预算几乎提高了一倍。在我任职期间，经济研究所曾拥有二百五十名经济学博士，比其他的联邦政府机构加起来还要多。经济研究所还开发了一个网站，每天发布重要的经济新闻，这个网站曾多次获得美国联邦政府的金牌奖。我去匈牙利访问时，匈牙利的商务部长告诉我，他每天到办公室做的第一件事，就是登录经济研究所的网站，查看当天的全球经济新闻。

我也访问州际研究、教育和推广合作局，以及国家统计局，但去的次数没有去农业研究所和经济研究所那么多。州际研究、教育和推广合作局只有五百名员工，大都是资深的科学家，部门多年来一直运作良好。

我在佐治亚大学工作时，参加的一项外部活动是担任一个委员会的委员，这个委员会设计了一个新的具有竞争性的资助项目，叫作农业研究计划，归属于州际研究、教育和推广合作局管理。根据海雀参议员和史密斯参议员法案的规定，州际研究、教育和推广合作局的资助都是固定资金，分配给每个州的农业实验站和推广服务机构。这个委员会讨论的是新的农业研究资金。新的农业研究计划是向学院的所有研究人员开放。竞争是基于同行评审小组的得分点，很像美国国立卫生研究院已经运行多年的资助模式。一九八九年我们提交给国会的最终报告中要求国会拨款五亿美元来成立这个项目。国会在一九八九年成立了这个项目。当时投资不到一亿美元，并且接下来十年一直是这个现状。我成为副部长后，在第一年的预算提案中就为农业研究计划申请了两亿美元，并得到了美国农业部部长的支持。不过，白宫只批准了一亿五千万美元。国会最终只给了我们一亿三千万美元作为二〇〇二年的预算。在我离开华盛顿州时，农业研究计划的项目基金已经达到了一亿七千万美元。大家都认为是我为美国农业部争取了这么有竞争力的拨款项目，我得到了很多称赞。

当美国白宫科技政策局的纳米技术委员会成立时，我在农业研究所找不到一个了解该领域的科学家，所以我任命了州际研究、教育和推广合作局的有化学工程教育背景的陈宏达博士作为美国农业部代表。陈宏达后来成为农业纳米技术项目的负责人。我拨了一笔专项资金给州际研究、教育和推广合作局，用来资助这个研究计划。他后来成为美国农业部纳米技术领域知识最渊博的人之一，并且还担任几本农业纳米技术书籍的主编。别人问我是怎么知道陈宏达能够做得如此成功，我回答说这是我天生的直觉。

美国国家统计局实际有一千多名工作人员，因为他们必须每五年进行一次农业普查，所以美国的每个州都有专门的办公室进行普查前的准备工作。他们在人口普查方面有很好的专业培训，后来我去中国时，中国的人口普查局还请我派美国国家统计局的工作人员去协助他们，培训工作人员进行人口普查。

美国国家统计局还有一项很重要的任务就是每个月发布美国全国当月农作物的生产统计数字，同时也发布下一年度各种农作物的生产总量的预测。由于这个预测对美国作物股市的影响很大，每月发布消息的前三天工作人员就被关在一间密室里。每个州的统计数字直接报到这间密室。密室工作室的成立需要美国农业部最高级别的主管审查通过之后，才能向外间发表。全美国农业部只有四个人做这份审查的任务，分别是：部长、常务副部长、我和另外一名资深的经济顾问。部长和常务副部长工作一般很忙，很少参与这项工作，所以多半是我和经济顾问在做这份工作。很有趣的是，室外的大厅里坐满了记者和工作人员。我一走出密室，马上就会有记者过来采访，想得到独家的新闻报道。当然我说话都很谨慎，不会走漏任何风声。

我很高兴我能够接受管理美国农业部这个最困难的部门，而且在最短的时间内赢得了下属的信任。一旦他们信任我以后，他们也会特别努力地工作。很多人都说我任职的五年是这个部门有史以来最好的时期。

第十九章

外交官

　　除了要处理农业部科技、教育和经济部门的日常事务以外，如果我想留在华盛顿继续我的政治生涯，我需要与国会人员交流联络。不过，我对这些不感兴趣，并且总觉得自己只是华盛顿的一个局外人，融入不进当地的生活中。为了更妥善地应对国会的事情，我雇用了两名曾经在国会工作过的人当我的助手。她们有很丰富的国会工作经验，所以这份工作做起来得心应手。尽管如此，还是会有参议员或是国会议员打电话找我问问题或是要我办事。

　　国会对我的第一次考验是来自明尼苏达州的一个参议员。他把我叫到他的办公室，商量如何把农业研究所一位大豆遗传学专家调去明尼苏达州工作。我想他这样做是为了回应明尼苏达州种植大豆的农户的诉求。为了强调这次谈话的重要性，他还邀请了明尼苏达州另外一名共和党参议员参与。他提出要求后，我说："很抱歉，我不能那样做。"他很疑惑地问："为什么不能呢？"我说："国会规定农业研究所只能有六名大豆遗传学专家，而且这六个人已经分配在美国其他六个州工作很多年了。"他说："我不管你怎么解决这件事，你只要按照我的要求去做就行了。"我说："参议员先生，我认为这件事只有两个解决方法。第一个方法是你去询问国会其他州的议员是否同意把他们州的大豆遗传学专家调到明尼苏达州工作；第二个方法是你制定一项新的法规，要求国会增加农业研究所的预算，在明尼苏达州安置一位大豆遗传学家。"我知道这两个方法他都行不通，因为没有哪个州的参议员会愿意将本州的专家调走。当然国会也不可能为此重新制定法规，如若这样，所有参议员都可以向美国农业部或其他联邦机构提出任何要求。两位参议员面面相觑，对我说："谢谢你能来我的办公室和我们一起商讨这件事，我们会考虑你的建议，如果有下一步行动，我们会通知你。"我回去之后，再也没有收到这两位参议员的消息。

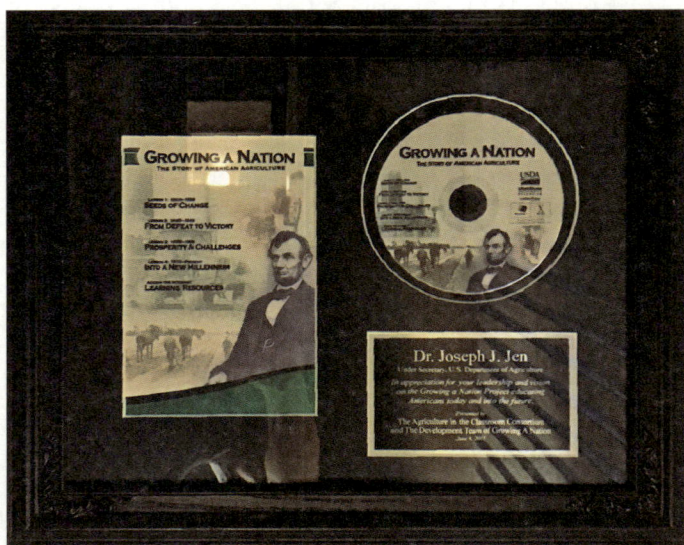

美国教育协会颁给任筑山的感谢奖状（二○○五年六月）

我第二次接到国会电话，是北达科他州的一位国会议员打来的。这位国会议员在北达科他州的权位很高。在美国，每个州都有两名参议员与人口无关，国会议员的人数可是由本州的人口数量决定的。北达科他州的人口很少，所以有两名参议员，但只有一名国会议员。他给我打电话，邀请我去北达科他州的农业研究中心参观访问，他是为了北达科他州的农业研究中心能够获得美国农业部的足够拨款和研究员。我们在大福克斯见了面，那里是美国农业部的六个人类营养研究中心之一。这个研究中心有一个研究团队专门从事豆类的研究。由于在我之前的科技、教育和经济部门的副部长从未到过此地，这个研究中心的负责人看到我来非常激动。他留我们在那吃了一顿饭，所有的菜品都是由豆类相关的原料烹制而成。他得知我对豆科植物非常了解后，感到十分惊讶。因为我在佐治亚大学工作时，我们和美国国防部援外机构签订了一份为期十年的合同，协助非洲国家用他们的主粮豇豆也就是美国的黑豌豆研制新产品。我和他说了一些新的想法，告诉他们可以尝试开发新产品来帮助本州和美国其他州豆类产业的发展。这位国会议员对我说的话记忆深刻，他认为我对营养学了解得很透彻。我告诉他，以前我在克莱姆森大学教过人类营养学这门课。

我们又去了俾斯麦，那里的农业研究中心主要做分子生物学方面的研究。研究中心主任引以为豪的是他们研究所拥有很多最先进的实验设备。当时有位研究员过来给我们介绍他们的实验设备，他说他们有一台仪器可以直接测定蛋白质的分子量。我听完后纠正他说应该是测定多肽的分子量，而不是蛋白质的分子量。蛋白质的分子量高达数百万道尔顿，目前世界上还没有设备能够直接测定出来。那位研究员脸红了，感到很惭愧，承认他说错了。国会议员听完我的话对我由衷地赞叹，说我的科学知识背景很丰厚。从那之后，这位国会议员成了强烈支持我申请联邦预算的一员。他和他的同事们说，国会应该让任筑山自己去工作。任筑山对自己领域的专业知识非常熟悉，他甚至还纠正了我管理的俾斯麦农业研究中心一位研究员的错误。从那以后，很少有参议员和国会议员再给我打电话了。

作为美国农业部的首席科学家，我的另一个主要职责是担任美国白宫科技政策局办公室的委员和某些附属委员会的委员。当时美国白宫科技政策局的主任是纽约大学一位著名的物理学教授。他也是总统身边的员工，每天都要和总统见面并为总统提供科技相关问题的解答和建议。美国白宫科技政策局的主要职责是协调科学和技术项目的预算及规划。实际上的工作是由小组委员会实施。原来美国白宫科技政策局有三个研究小组委员会，分别是科学委员会、技术委员会和环境委员会。

美国"9·11事件"之后，又新增了一个国家安全委员会。美国白宫科技政策局每三个月召开委员会会议，如果我在华盛顿，我都会参加。一位马里兰州大学的微生物学专家和我共同担任科学委员会的召集人。她对我推动农业研究所的基础科学研究的举措表示非常赞许。

由于我在美国农业部科技、教育和经济部门以及美国白宫科技政策局负责科学管理工作的成绩，我获得了科学学会主席委员会的领导人物奖。科学学会主席委员会有一百五十多名成员，他们都是各个专业协会的主席。其中包括物理、数学、化学和生物等科学学会；会计、商业和管

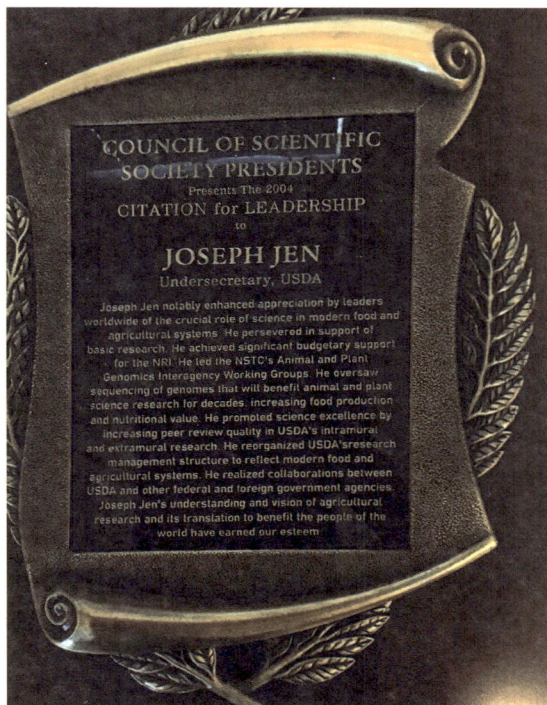

任筑山（农业界第一位）获得美国科学会会长联席会的领
导奖（二〇〇四年四月）

理等经济学会；历史和哲学等社会科学学会。每年科学学
会主席委员会都会呼吁提名领导人物奖，通常会有三十或
三十以上的人被提名。在第一轮投票中，选出十名以下的
候选人，第二轮再选出三名得票最高的候选人。在第三次
投票中，三名决赛选手中必须有一名获得了半数以上的有
效选票才能得奖。如果第三次投票没有产生符合条件的候
选人，那么当年就没有人获得该奖项。在我之前，获奖者

有国会科学委员会的主席、普林斯顿大学的校长等。我是农业领域第一个获得该奖项的人。它是我这一生中获得的最珍贵的一个奖项。

除国内活动外，我还代表美国农业部和美国联邦政府参加了由美国白宫科技政策局主任主持的一些国际科学交流项目。我和主任一起去日本、印度和中国访问过。另外，根据美国农业部的项目，我也去了其他国家，如匈牙利、马来西亚、印度尼西亚、法国、英国、澳大利亚和新西兰。

在我担任美国农业部副部长期间，我曾九次访问中国，是布什政府所有内阁成员中访问中国次数最多的阁员。我遇到的中国官员对我都非常友好。在九次访问中，每次都有许多部门的官员与我会面。美国大使馆的司机跟我说："其他部长来北京都是三四天参加一次会议，而你来北京却是一天参加三四个会议。"从某种角度来说，我是一个很成功的"外交官"。

二〇〇四年，在中国科技部副部长李学勇先生和我的一次会议中，中国科技部和美国农业部一次性签署了五个合作项目。在接下来的四年里，美国农业部与中国科技部、农业部和其他部委也进行了多次交流。美国农业部也派出了多个科学小组前往中国西北地区，协助他们建设水土流失防治和草地再生的工程。二〇〇七年，李学勇先生告诉我，在短短的三年时间里，食品加工业大有发展，已占轻工业总量的百分之二十二。

我前后去印度访问过三次。在第三次访问中，美国国务院要求我会见印度农业部部长，目的是想让印度同意从美国进口转基因的抗虫棉花种子。由于印度的气候潮湿，真菌性病虫害是印度棉花种植的主要问题。棉农经常会因为真菌性病虫害而损失整片棉花种植地的棉花。抗虫棉花品种是转基因作物，印度是不允许进口的。有人告诉我，一些印度棉农为了生存，从黑市上买来转基因抗虫棉花种子，结果种出来的棉花产量非常高。可是一旦印度政府发现种植的是转基因抗虫棉花品种，他们就会立即毁掉这些棉花，并让那些种植转基因抗虫棉花的农民交罚款。有些农民因为无力支付巨额罚款而自杀。我会见印度农业部部长时，他带了三十多个助手和管理团队与我见面。我把实际情况向他说明后，他感到有点歉疚，因为他并不了解实际情况。美国大使和他的助手之前也和印度农业部讲过这件事，但没能把转基因棉花品种的科学事实向印度农业部表述清楚。印度农业部部长和我说，他会和他的员工商讨这件事，并尽快给我答复。不到一周时间，印度政府就同意从美国进口转基因的抗虫棉花种子了。我的这次印度访问尽管是为了美国棉籽业的利益，但使我高兴的是，我可能挽救了一些印度农民的生命。

有时候，其他国家的科技部部长或农业部部长也会来华盛顿与我会面。马来西亚科技与创新部部长就是这样一个例子。他主要负责管理自己国家的农业及生物的发展，所以他亲自来华盛顿和我签订合作协议。他还邀请我去马来西亚参加他们举办的科技会议。我去参加过一次。

可以说，在我担任美国农业部科技、教育和经济部门副部长期间，每天的工作都非常繁忙。不过，也正是由于我没有花太多时间与国会互动，我有充足的时间来完成这些项目，使美国农业部科技、教育和经济部门，美国乃至世界的公民受益。这是我工作中最有意义的部分。

第二十章
基因和肥胖

如果要我用两个英文词来概括我任职美国农业部副部长的五年，那就是"基因"和"肥胖"。前者是一个非常成功的故事，而后者则不然。基因是分子生物学中重要的一课。我这里只是谈到用核酸分析仪把基因里某些核酸排列的顺序分析出来。这些核酸的组合排列可以用于人类、动物、植物等的科学研究。肥胖是一个全球的问题。随着人们生活水准的提高，很多人吃了超量的热量。这些热量就转化为脂肪留在人体，久而久之就会导致糖尿病、血管硬化、中风等可致死的疾病。我这里要谈的是关于如何防止肥胖的研究。美国现在有百分之三十的人超重，或拥有肥胖的体型。更可怕的是，美国的肥胖率增加迅速。目前已经有百分之二十的儿童是肥胖体型，而且上升速度完全没有减缓的趋势。

当我刚上任时，几个动物科学协会的会长和说客来到我的办公室，问我是否愿意协助他们做动物基因组测序。那一年，人类基因组和水稻基因组测序即将完成。人类基因组计划是由美国国家卫生研究院牵头，十五个国家共同合作进行的，耗资数十万美元，耗时超过十年。水稻基因组测序是由美国国家科学基金会领导，几个国家共同合作进行的。美国农业部也参与了这个项目。我认为他们提出的动物基因组计划很有意义，所以同意了协助他们进行这项研究。我首先拜访了美国国立卫生研究院人类基因研究所的所长。正巧他在考虑启动一个比较基因组项目，根据从变形虫到猴子的生物进化的顺序对不同的生物进行基因测序。我问他能不能在哺乳动物中选择奶牛为代表，在鸟类中选择鸡为代表，在昆虫中选择蜜蜂为代表。他认为这个提议可以，但他说他的研究所只能支付一半的测序费用，另一半费用需要我来想办法解决。他想，我或许可以使用美国农业部的资金，或者向国会申请新的预算。美国农业部的预算非常紧张，有太多项目需要预算。但我想到了通过其他的方法拿到资金来进行这个项目。

我联系了畜牧产业学会。他们非常支持，但大多数动物科学学会都没有办法资助数百万美元。只有两个企业团体各自资助了五十万美元。然后，我联系了国际科学组织。加拿大基因研究所同意出资五百万美元，澳大利亚和新西兰研究所各出资一百万美元。美国农业部没有额外的资金可供资助，但碰巧的是我们得到了国会的额外拨款做基本研究用。我给奶牛基因组测序项目拨了一千万美元，美国农业部的农业研究所挤出了一百万美元，我还把年底的五十万美元拨给了这个项目。同时，由于技术的发展，核酸测序的成本降低了。据估计，我离目标还差不到一千万美元。

在此同时，我开始调查哪些机构可以做大型核酸测序项目。美国有四个主要的大型核酸测序中心。圣何塞市的能源中心部只为他们自己的机构做项目，所以它不是我的目标。在三个商业测序中心中，贝勒大学医学院和华盛顿大学圣路易斯医学院热衷于竞标这些项目。正巧我要去美国农业部位于贝勒大学的人类营养中心视察，所以我联系了贝勒大学医学院测序中心的主任。贝勒大学医学院测序中心的主任非常激动，他向我展示了他们的七十七台测序

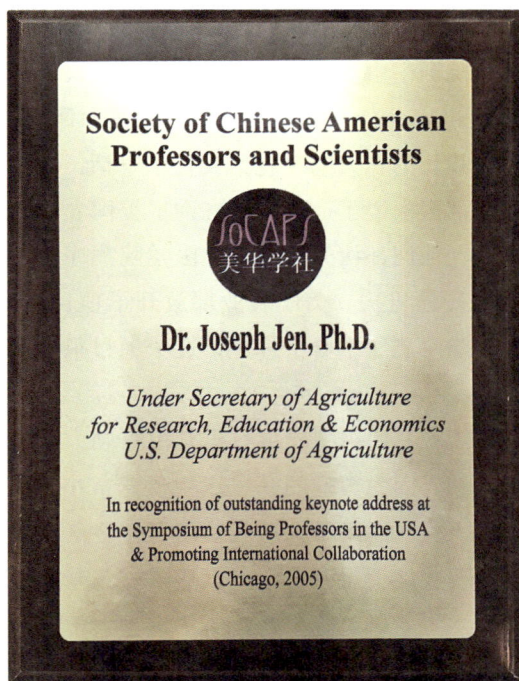

任筑山担任美华学社二〇〇五年年会的主题演讲人，并接受学社颁奖状（二〇〇五年二月）

仪。我了解到测序不需要由资深的科学家来操作，只需要训练有素的技术人员来运行机器和处理故障就可以了。

当我在贝勒大学医学院测序中心的时候，我接到了一个来自麦当娜女士的电话。她告诉我，她听说我需要一些资金来支持奶牛基因组测序项目。我不知道她是谁，也不知道她是怎么知道这个项目的。她接着说，如果我能确定把这个项目分配给贝勒大学医学院测序中心，她可以要求得克萨斯州州长资助我所需的资金。我感谢了她的好意，但由于联邦项目必须对公众开放投标，所以我不能保证贝勒大学医学院测序中心能中标。她告诉我很快我就会接到得克萨斯州州长办公室的电话。果然，我一回到华盛顿，得克萨斯州州长的私人助理就给我打了电话，把麦当娜女士对我说的话再次说了一遍。我咨询了美国农业部这个领域的专家后，他们都认为贝勒人类医学院测序中心是开展这个项目的最佳机构。美国农业部放开了项目的投标后，贝勒大学医学院测序中心中标了，这个项目很快就开始进行了。

此外，蜜蜂基因组测序项目也是由贝勒大学医学院测序中心开展的，因为蜜蜂的基因组规模非常小，美国国立卫生研究院人类基因组研究所就使用了年终基金来资助这个项目，只要我出了十万美元就做成了。鸡基因组测序项目由美国国立卫生研究院委托给了华盛顿大学医疗中心进行，因为禽类科学协会与国立卫生研究院接洽，请求其协助该项目。由于鸡的基因组比较小，卫生研究院同意全力资助这个项目。美国农业部也协助这两个项目，向他们提供了技术专家和审查项目进行的人员。

贝勒大学医学院测序中心停下了所有其他项目，集中精力在十八个月内就完成了奶牛基因组测序。我们在美国农业部惠顿大厦举办了庆祝活动。除了部长安维娜曼女士之外，美国科技政策办的主任也出席了活动。他和部长提到我说："你的副部长任筑山是个实干家！"他的意思是，我能在最困难的条件下这么快完成这个项目。这个项目赢得了动物科学界和其他科学界的高度评价。《科学》期刊发表了一篇罕见的评论，称赞了我的项目，并对我表示敬意。这个项目和我对美国农业部的管理为我赢得了科学学会主席委员会的领导人物奖。

关于基因组测序的另一个故事是，杜克大学的一位教授联系我，让我协助她启动一个杨树基因组测序项目。当被问及为什么联系我时，她说所有人都告诉她我是华盛顿的"基因先生"。她是林业学会的主席，也是杜克大学环境科学院的教授。最终，我帮助她让能源中心来做这个项目，因为该中心对环境项目很感兴趣。

任筑山担任全球食品安全倡议组织大会的主题发言人（二〇〇四年八月）

从那之后，基因组测序开始在所有生物科学领域中风靡。我们当时就想，如果成本可以降低，测序的更多用途就能被开发。我们的目标是将每个人类基因组测序的成本降低到一千美元。在奶牛基因组项目过去十年之后，我们实现了这个目标，比预期早了五年。二〇一八年一月，美国疾控中心宣布，美国四十六个州的五十一个公共卫生检测实验室配备了测序仪，用于监测李斯特菌疫情。到二〇一九年年底，美国五十个州的所有此类实验室都配备了测序仪。除了李斯特菌之外，测序仪还将用于追踪和监测弯曲杆菌、沙门氏菌、产志贺毒素大肠杆菌和志贺氏菌。在拥有测序仪之前，疾控中心已经使用了二十年的脉冲场凝胶电泳。他们追踪并确认了像冰激凌、冷冻蔬菜和焦糖苹果这样的食物感染源，并提高了这些食物的安全性。这是基因组学运用于保障消费者食品安全的一个例子。

当中国的陈竺博士来华盛顿看望我并与我签署中国科学院和美国农业部的合作协议时，他提到了对中国儿童日益严重的肥胖问题的担忧。在他走之后，我调查了美国的情况，发现四分之一的美国人超重或肥胖，并且美国儿童的肥胖率更是以惊人的速度在增长。

我向美国白宫科技政策局的主任反映了这个情况，并建议成立一个小组委员会来研究肥胖问题。他认为这个主意不错，并让我来组织。为了获得其他联邦机构的支持，我决定组织一次讨论肥胖问题的全国会议。大多数联邦机构都非常支持我的提议，特别是军事组织，因为肥胖的军人造成战斗机的座位和潜水艇的睡床过大的问题。因此，空军和海军的研究机构急需协助共同研究防止肥胖症的项目。他们本身的研究人员工程方面很强，生物方面却很弱，因此需要其他部门的协助，而且资金不是问题。然而，很意外的是美国国立卫生研究院却不支持这项研究。当被问及原因时，他们说他们已经有四个肥胖研究中心在开发治疗肥胖的药物了。我突然明白了，如果肥胖预防工作成功了，那这些研究中心就会因为没有用而倒闭了。但是，我认为他们把自己的利益置于美国公民和世界人口的健康福祉之上是错误的，所以我仍按原计划在华盛顿开展了会议。两天的会议非常成功。除了联邦政府的人员来参加外，还有儿童健康学会和印第安人组织的成员自行来参加。原来印第安人相当缺乏生物、营养卫生及食品安全的知识，肥胖症是他们的一个大问题，需要外界协助。会后美国国家卫生局意识到了他们不能只为自己的研究中心考虑，表示愿意支持这个项目。我们将项目支持率调查结果报告给了白宫科技政策局的主任，成立了一个超重和肥胖小组委员会，没有"预防"两字，以满足卫生研究院的要求。该小组委员会由美国农业部农业研究所的卡尔·拉罗斯博士和美国国立卫生研究院肥胖研究所所长共同领导。该小组会定期开展会议，并且影响了大多数联邦机构在这一领域的预算分配。在我离开华盛顿后，卡尔·拉罗斯博士不久也退休了，这个项目没有取得重大进展。因此，与基因项目相比，我觉得这个项目不是很成功。

第二十一章
梦想花园

　　我在澳大利亚的悉尼旅行时，参加了当地的景点游玩。其中有一站是参观中国的园林建筑。那是一个两英亩大的小园子，园子里有一个卖中式茶点的小店铺。我在中国参观过很多不同风格的园林，这个并不是正宗的中国园林。我脑海里因此有了建一座"梦想花园"的想法。

　　回到华盛顿后，我碰巧有机会参观由美国农业部农业研究所管理的国家植树园。我和研究所的主任说了我想在植树园内建一座中国园林的想法。主任认为这个想法很好。他带我到了植树园的中心，指给我看一块大约十三英亩的地方，对我说这里是他认为建造中国园林的最佳地点。国家植树园位于华盛顿的东北部，占地面积四百多英亩。植树园内有很多个不同主题的花园，如香草园、地中海园、亚洲园和蔬菜园等，但都没有建筑。植树园内还有一个国家盆景博物馆。植树园有维护园林所需的全部设备、近一百名员工以及林业管理员。我实地考察了整个植树园后认为主任说得对。植树园的中心确实是最适合建造梦想花园的好地点。

　　在和当地的一些美籍华人的交谈中，我发现他们中有很多人也一直有在华盛顿地区建一个中国园林的想法。不过，由于华盛顿特区的土地价格非常高，他们无法实施这个计划。在听说我打算建造中国园林的消息后，他们成立了一个专门支持我实施这个计划的协会。这个协会的会长是戴维廉博士。他曾经在密苏里州圣路易斯的密苏里植物园建造过一个小型的中国园林，因而他在这方面有些经验。

二〇〇三年的夏季，中国驻美国大使杨洁篪先生邀请
我到他家吃饭，我向他表明了我的这个想法。我还准备了
一份两页纸的提案向他具体说明这个计划的可行性，给他
展示了建造中国园林的目标位置。杨洁篪先生的夫人对植
物园非常了解。她经常带中国游客参观著名的杜鹃花山坡、
殖民地柱和盆景博物馆。幸运的是，正巧杨洁篪先生要回
中国做年度报告。他接受了我的提议，会见了中国林业部
负责园林和环境管理的党委书记江泽慧女士。

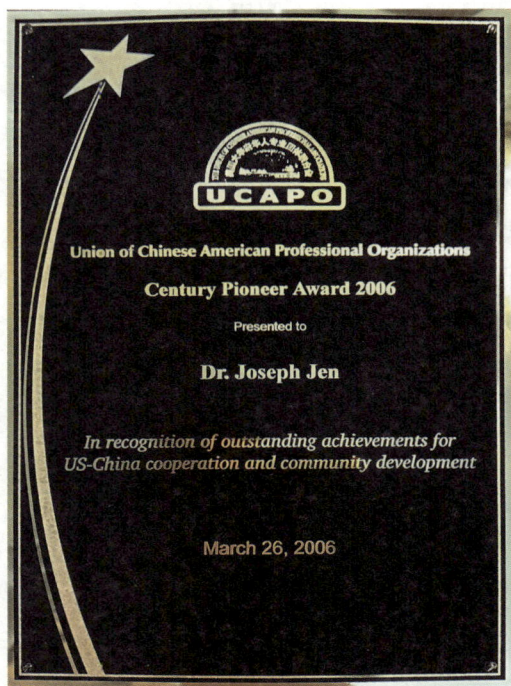

任筑山接受美华专业专家联盟的世纪先锋奖。这是联盟
第一次颁给个人的奖状（二〇〇六年三月二十六日）

二〇〇三年十月,江泽慧女士赴加拿大参加会议,特意把行程延后,来华盛顿特区拜访我,她还去植树园参观了建造中国园林的选址。看到地方后她非常惊讶,她觉得世界上没有哪个地方比这里更适合建造一座雄伟的中国园林了。她希望立即签署一份中美合作意向书,在农业研究所主任选定的地点建造一个中国园林。江泽慧女士和我在意向书上签了字。

二〇〇四年春天,应江泽慧女士的邀请,我和国家植树园的主任、负责农业研究所建设的总设计师以及植树园的花草研究主任去了中国的园林之城——扬州和苏州参观。碰巧江泽慧女士的先生(彭先生)是中国著名的园林设计师。彭先生对这件事非常感兴趣,他还没有去植树园看选址就已经开始了设计工作。我们的这次访问在当地政府和企业中引起了热烈的反响,我相信这对江泽慧女士筹集建造花园的资金有很大的帮助。

二〇〇四年秋,江泽慧女士再次访问华盛顿。我们决定开始筹办建设中国园林的准备工作。美国农业部安维娜曼部长、中国驻美大使杨洁篪先生、江泽慧女士和我一起签署了一份协议。协议规定,中方提供建设中国园林及其他建筑物所需的所有材料、劳力、厂房和陈设品。美方提供土地、地下公用设施和花园的维护。

我以"国家植树园的中国古典园林"为名制作了一份录像带。这份录像带详细阐述了中国园林的四大要素——水、建筑、植物和艺术陈设,这些都是园林建设中必要的。它传达出了彭先生的设计理念。我又用募集资金委托人设计了一个中国园林的模型。按照彭先生的设计，梦想花园结合了苏州拙政园和扬州瘦西湖的重点，加上颐和园的长廊和石船。如果能建成，很可能是世界上最美的中国古典花园。

我没有想到后来会发生这么多的事情。我以为这只是一个很简单的项目，从未想过会遇到这么多的困难和阻碍。

首先，建造这个园林需要得到华盛顿特区政府美术委员会和城市规划委员会的批准。此外，美国国会从媒体那里了解到这一消息后告知我们，这个项目必须得到美国国会的批准。在募集资金时，当地的美籍华人组织开始互相争夺这个想法的起始人。最终，华盛顿的美裔华人组织并没有为这个项目做出很大的贡献。我的一些朋友和行业的老板成为主要的捐赠人，他们每人捐赠了一万美元。

时隔两年后，我们获得了华盛顿特区政府的批准。在杨洁篪先生的协助下，我们说服了一位国会议员。美国国会在二○○五年的农业法案中加入了一项支持条款，允许中国园林项目的建设。我成功地把美国农业部分摊到的用于建设园林用的八百万美元的预算，投入到了二○○六年美国农业部的预算中，也得到白宫的支持，留在农业部的预算中，送给国会批准。二○○六年的国会预算听证会上发生了一件令人很吃惊的事。来自伊利诺伊州的一位叫奥巴马的年轻参议员出现在听证会上，他反对中国园林项目。他说如果要在国家植树园建一个世界级的花园，为什么不建一个他认为比中国古典园林更有名的英国园林或日本园林呢？那年，国会在通过预算上也遇到了问题，最终用持续决议为美国农业部的预算提供的是与二〇〇五年相同数额的资金。二〇〇六年所有的新项目都没有获得批准，用于建造中国园林的八百万美元也没有被允许。二〇〇六年，我离开华盛顿后，中国园林的预算也一直没有再列入美国农业部的预算申请中。尽管中国政府一再督促，美国农业部还是把这个项目搁置了。

二〇一一年，中国国家主席胡锦涛先生到华盛顿访问时，要求参观中国园林的建筑模型。当时接待他的是国务卿希拉里·克林顿女士。她把农业研究所设计的模型搬到了她的办公室，请胡主席和副总统到她的办公室观看。希拉里·克林顿还捐助了上海世博会剩余的一百万美元用于园林建筑设计。在希拉里·克林顿的支持下，该项目得以继续进行，并由当时的美国农业部部长迈克·约翰斯和中国大使周文重签署协议。不过，该项目不再由美国农业部科技、教育和经济部门的农业研究所管理，而是交由美国农业部的海外农业局负责。美国农业部部长这样的决定本来是正确的，因为当时海外农业局局长的太太是一名中国人，她对中国园林有一定的了解。不过遗憾的是，这位美国农业部海外农业局局长在两年后离职了，这个项目在美国农业部也就没有一个强有力的管理者和拥护者了。

随着时间的推移，江泽慧女士的年纪越来越大，在彭先生去世后，她更加渴望把中国园林建好。她决定筹集建造中国园林的所有费用，而不再等待美国农业部筹集资金。她请求习近平总书记予以协助。二〇一六年十月二十九日，中美双方在植树园内举行了奠基仪式，并且在建设中国园林的选址地放置了奠基石，并且双方签订了续约建设中国园林。

由于中美两国的建筑标准不同，中国园林目前还没有开始施工建设。这个园林具体什么时候能建成还未确定。

第二十二章
离开华盛顿后的生活

　　在我退休之初，二〇〇六年的五月，我答应华盛顿区的华人投资公司，担任他们和四川省举办的中美经济合作（四川）洽谈会的主讲人。在五分钟的时间里，我用四川话向观众介绍这次的美国来宾，我的话还没讲完，下面就有人用四川话大声地叫"硬是要得"，得到全场鼓掌。这次洽谈会十分成功，四川省商业界和来宾签了百余条的合同。我也很高兴可以为我的出生地做些贡献。

　　回到美国后，我卸任了美国农业部副部长一职，离开了华盛顿，又回到加州州立科技大学工作，担任当时加州州立科技大学校长和加州大系统下总校长的特别助理。我在加州州立科技大学的主要工作是负责联络国际项目。我带着校长以及加州州立科技大学的其他教职工一同前往中国，参观了中国农业大学、南京农业大学、西北农林科技大学、上海交通大学和浙江大学。加州州立科技大学校长和农学院院长与这些大学签署了一系列的合作协议。我们和上海交通大学合作设立了乳品技术双硕士学位，与中国农业大学联合设立了林业和牧场科学双硕士学位。此外，我们还和中国农业大学、西北农林科技大学及南京农业大学开展了师生交流项目。除中国外，我还协助加州州立科技大学与匈牙利、墨西哥等地的大学建立了合作交流项目。这让加州州立科技大学获得了很多国际项目，使它从加州大系统下国际项目排名的末位上升到前列，并且成为一个多元化的国际大学。

　　当年年底，我和加州州立科技大学校长及他的夫人一同去上海交通大学和浙江大学参观访问。上海交通大学热

任筑山担任二〇〇六年中美经济发展（四州）洽谈会的主讲人
（二〇〇六年五月）

烈欢迎了我们。校长夫妇在上海玩得很开心。在杭州时，接待我们的是浙江大学负责国际项目的副校长。加州州立科技大学校长是学工程的，他要求参观一些工程学院。他非常惊讶于浙江大学拥有的先进设备和众多的博士研究生和博士后教师。

第二年，我和加州州立科技大学校长和农学院院长又去了中国农业大学、西北农林科技大学以及南京农业大学。在北京，我们与中国农业大学签署了协议，设立林业科学和牧场管理的双硕士学位。在西北农林科技大学，我们签署了农业综合企业部门合作的教师学生交流项目的协议。我们去南京农业大学参观了国家肉品质量安全控制工程技术研究中心。这是中国最好的肉品研究中心之一。肉品质量安全控制工程技术研究中心的主任带我们参观了中国最大的肉品加工公司之一。在他们的陈列柜里，我们看到了一百多种的肉制品。各种西式的肉类早餐都可以看到。加州州立科技大学校长和农学院院长对肉品质量安全控制工程技术研究中心和肉品加工公司的先进设备和食品安全管理非常惊叹。

对加州大系统的总校长而言，我是他办公室和加州农业企业之间的联络人。我为他成立了一个农业咨询委员会。这个咨询委员会的成员都是加州各个大型农业企业的总裁和部门经理。委员会一年召开两次会议，会议地点位于加州长滩市的加州大总部办公室。除了校长及其工作人员之外，加州大四个有农学院的校区——圣路易斯奥比斯波分校、弗雷斯诺分校、波莫纳分校和奇科分校的校长都会参加会议。这个委员会创立得非常成功，后来以林业院著称的尤里卡分校和以海洋科学院著称的蒙特利分校的校长也要求作为委员会的无投票权成员参与会议。

在我担任美国农业部科技、教育和经济部门副部长期间，我就在思考可以为加州州立科技大学做些什么。在众议员迪克森的协助下，我们制订了一个与州际教育、研究和推广合作局的农业研究计划项目非常相似的加州州立科技大学农业研究计划项目。一九九六年，迪克森曾和我一起作为加州的农业考察团员去中国和蒙古国进行访问。迪克森的第一次预算申请并没有得到美国国会的批准。不过，后来他在农业法案中为加州州立科技大学的农业研究计划项目争取到了一百万美元。

此外，我还提出了申请加州农业研究计划项目。我的想法是为加州大农学院的四个分校成立一个拨款基金，以竞争加州政府每年高达四百万美元的拨款。这项基金有一半由加州的农业企业捐赠。没有获得企业捐赠基金的校区，该校区基金的剩余拨款可由加州大的其他任何一个校区来申请。这些资金应该是加州政府给加州大预算拨款以外的资金。在加州农业企业支持者的帮助下，我们在二〇〇七年成功地获得了一百万美元启动这个项目。我们从加州大系统外聘请了一名执行秘书，负责管理竞争性拨款基金。最开始的五年他一直在弗雷斯诺分校。为了便于管理，原本分给加州州立科技大学农业研究计划项目的一百万美元也集中归在了加州大的农业研究计划项目下处理。加州农业研究计划项目的预算在两年内增加到了二百万美元。这位执行董事的个性很强，与弗雷斯诺分校农学院的院长相处不来。因此，他辞掉了这个职位。为了节省管理资金，这个职位就由加州州立科技大学的副院长马克·谢尔顿接任。我们最终从加州政府获得了五百万美元的拨款。这么多年以来，马克·谢尔在处理基金项目方面一直做得很好。这份工作让他有机会认识了许多加州州立科技大学的校友和加州农业企业的高管。我相信他也很庆幸能有机会参与这个项目的管理工作。我很高兴协助加州州立科技大学和加州大系统获得了更好的声誉和新的基金。

第二十三章
食品安全国际论坛

我在担任美国农业部副部长期间，引起我特别关注的一个领域是食品安全。我在国家研究学会竞争性拨款中为食品安全争取到了越来越多的资金。我要求农业研究所、美国疾病预防与控制中心、美国食品药品监督管理局的科学人员和专家在每年度战略研究计划会议上合作。我还邀请了州际研究、教育和推广合作局，以及经济研究所的相关人员来参加会议。后来，美国农业部率先成立了食品安全网站作为官方资源。教育机构、媒体和消费者都可以通过这个网站查看和了解食品安全领域相关的最新发展。

在我将要从美国农业部退休的前一年，我在台湾时的老邻居李亚宁联系我，让我协助上海交通大学在中国大陆成立一个陆伯勋食品安全研究中心。我告诉他，在我担任副部长期间，没有办法完成这件事。不过，等我二〇〇六年退休后，我很乐意做这件事，因为陆伯勋博士是我在食品科技领域内结识的一个老朋友和同事。

陆伯勋食品安全研究中心成立于二〇〇五年，是曾在加州大学戴维斯分校工作多年的陆伯勋博士捐资成立的。他是上海交通大学一九三八届的校友，他在遗嘱中写道，要用他的一笔资金来资助上海交通大学成立一个食品安全研究中心。李亚宁负责监督管理上海交通大学基金会的捐赠基金。上海交通大学同意捐赠相等的资金为中心设置从事人员及管理费用，并同意基金会的基金只能用于该中心的活动。李亚宁希望我能为中心提供技术和管理方面的建议。

二〇〇六年八月底，上海交通大学农业与生物学院邀请我到上海交通大学做一个食品安全的演讲。第二天，学校在陆伯勋食品安全研究中心举行了庆祝活动，并邀请我参加。出乎我意料的是，时任上海交通大学的林忠钦副校长、农业与生物学院的唐克轩院长，该中心的执行主任史贤明博士参加了这个小小的庆祝活动。他们邀请我做一个简短的报告，介绍一下陆伯勋博士以及我们在二十世纪七八十年代的来往经历。我做完报告后，林副校长走上讲台，宣布上海交通大学将成立陆伯勋食品安全研究中心顾问委员会，并任命我为委员会的主席。

我对该中心未来的发展提出了规划，决定将食品安全培训和国际会议作为中心短期的战略规划目标。该中心创立后的三年，举办了三次国际食品安全研讨会。与此同时，我扩大了委员会成员的队伍，将工业界和学术界的专家也吸收在内。我邀请了工业界的陈泽民博士和佐治亚大学的黄耀文博士加入我们。陈泽民是中国最大的一个速冻食品公司三全食品的总裁，黄耀文在危害分析的临界控制点培训方面很有经验。我还邀请了中国食品科学技术学会的会长孟素荷女士加入委员会。包括我在内，委员会共有九位委员。

我们联系了一些食品企业，并告诉他们，我们打算设立一门食品安全培训的公益课程，免费向公众开放，期望得到他们的资助。最后一共有七家食品企业答应为我们提供资金。第一期的食品安全培训课是在二〇〇七年上海交通大学华山校区举办的。后来农业与生物学院的党委书记周培博士担任了该中心的主任，他对该中心的工作非常负责。他聘请了来自加拿大的岳进博士担任该中心的执行主任。岳进博士又雇用了两名全职员工负责培训课程。这门培训课吸引了全球食品安全倡议、世界银行、美国食品杂货制造商协会等国际组织成为课程的赞助商。现在上海交通大学已经成为中国食品安全培训的权威机构。每次陆伯勋食品安全研究中心在官网上发布培训课程的招生消息时，两三天内报名名额就满了，许多人只能排在候选名单。截至二〇二〇年，该中心已培训了一千多名学员，这些学员为中心开展食品安全、营养和健康相关调查提供了丰富的信息来源，也是中心的真心宣传人。这应该是陆伯勋食品安全研究中心食品安全培训课程获得的最好的回报了。

对于上海交通大学来说，举办国际食品安全研讨会是一个很大的挑战，因为学校没有专门的资金支持这项活动。二〇〇七年，由史贤明教授主持的研讨会取得了巨大的成功。史教授利用他在上海市政府的人脉关系，获得了很大一笔捐款。上海市政府是此次研讨会的协办单位。史教授邀请了食品微生物学和食品安全领域的知名专家在会上发言。

二〇〇八年的第二次研讨会由生命科学学院教授、陆伯勋食品安全研究中心的副主任张大兵博士主持。张博士是中国转基因分析研究领域的一位知名教授，享誉全世界。这次研讨会在上海交通大学主校区举行，主校区是在上海市郊的闵行区。主校区的各种设备和服务都比较齐全，包括会议设施、印刷、餐饮和其他一些服务。但是，闵行校区当时还是一个新开发区，没有五星级的大酒店。大多数

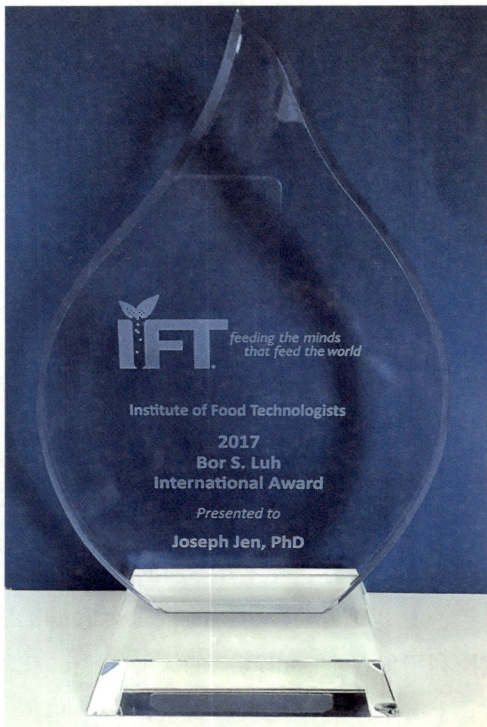

任筑山被选为美国食品科技学会二〇一七年的陆伯
勋国际奖的得奖人

参会者都住在学校继续教育学院的宿舍区。主校区有一家
从日本东京搬过来的独特餐厅。参会的贵宾在这家餐厅用
餐。张博士邀请了几位来自欧洲的同事在研讨会上做了
报告。

二〇〇九年的论坛是在离上海不远的旅游城市——杭
州举行的第十四届国际食品科技联盟大会中的一个特别会
议。这次特别会议在上海交通大学闵行校区举行，由日本

的张少辉博士主持。他邀请了他的导师和其他会说日语的人参加研讨会。在闵行校区举办研讨会的一个好处是本校区的学生可以作为志愿者参加此会议。这些志愿者不仅仅是食品科学与工程系的学生，还有全校各个专业的学生。这也让很多的学生更加了解食品科学与工程系，从而转到食品科学与工程系。

在二〇〇九年由国际食品科学技术联盟和中国食品科学技术学会在上海主办的食品安全会议上，我会见了国际科学期刊《食品控制》的主编——英国的勒贝儿·普莱特博士。会后，中国食品科学技术学会邀请我去北京。中国食品科学技术学会和国际食品科学技术联盟有意创办"食品安全国际论坛"。他们希望能够得到中国政府的支持。我同意帮助他们，并联系了中国卫生部的陈竺部长。陈部长和我认识多年，他在中国科学院当副院长时，曾到美国农业部和我签订科学研究及交换的协议。陈部长同意与我们会面。他对这项提议很感兴趣。虽然陈部长由于紧急公务出差，未能与我们会面，但他让副部长和负责食品的三位司长与我们会面。中国卫生部同意成为论坛的主要赞助单位，中国食品科学技术学会和国际食品科学技术联盟才得以成功举办第一次论坛。首次论坛于二〇一〇年四月在北京友谊酒店举行。国际食品科学技术联盟邀请了世卫组织、联合国粮农组织、美国食品科技协会作为共同发起人，邀请了六名食品安全专家作为演讲嘉宾。中国食品科学技术学会得到了中国营养与食品科学领域最知名的首席科学家陈君石博士的大力支持。我邀请了嘉吉公司和麦当劳公司的高层领导。论坛取得了巨大成功，四百多人参加，其中近一百名人来自其他国家。这次论坛受到包括《人民日报》在内的中国主流媒体的报道。为大力支持论坛，陈部长亲临会场，并在二〇一〇年、二〇一一年、二〇一二年的连续三届的论坛上致开幕词。

我不记得是否有政府官员出席了二〇一三年的论坛。那一年，中国政府将国家食品药品监督管理局改名为国家食品药品监督管理总局，或多或少地借鉴了美国食品药品监督管理局的管理模式。中国的国家食品药品监督管理局是一个与部委地位相当的独立机构。食品安全管理由国家食品药品监督管理总局承担，不再归中国卫生部管理。不过生产型的食品安全计划仍交由中国农业部管理。中国卫生部新成立了一个国家食品安全风险评估中心。陈竺博士被提拔为制定法律法规的人大常委会的几位副主任之一。我在二〇一四年一月十日参观了中国的国家食品药品监督管理总局。中国食品药品监督管理局的副局长滕佳材先生是负责食品安全事务的最高级别官员，他接待了我和中国食品科学技术学会的四名工作人员。另外，他也出席了二〇一四年和二〇一五年的论坛，并在开幕式上致开幕词。

在二〇一三年及二〇一四年，国家食品安全风险评估中心成为中国食品科学技术学会和国际食品科学技术联盟之外的第三个论坛主办单位。二〇一七年，中国国家食品药品监督管理总局又进行了重大的调整。中国国家食品药品监督管理总局重点负责管理药品。直到中国国家市场监督管理总局成立后，食品安全监管司为中国国家市场监督

管理总局的一个部门。中国食品安全监管司的司长、国家
食品安全风险评估中心新任局长卢江在二〇一九年论坛的
开幕式上致了开幕词。

此后，在中国食品科学技术学会委员邵薇、陈铮等人
的共同努力下，论坛每年都如期举行。二〇一八年，论坛
更名为国际食品安全与营养健康论坛，以满足中国消费者
在营养健康方面的需求。中国食品科学技术学会开始在本
国和亚洲国家寻找演讲嘉宾。我继续尽我所能协助中国食
品科学技术学会和论坛的发展。二〇一七年，我们设立了
一个新的环节，邀请食品企业的总裁或高管与听众就食品
安全问题进行互动，由我担任主持人，取得了非常不错的
成果。二〇一八年和二〇一九年的论坛继续举行。

二〇二〇年，论坛原计划四月份举行，但由于受新型
冠状病毒疫情影响，很多事情都被搁置了。外国人员也无
法前往中国开会。即使疫情得到控制以后，中国政府也发
布了指导方针，鼓励召开网络视频会议，而不是像以前一
样聚集在一个会议室内举行。最终，二〇二〇年的论坛活
动被推迟了。中国食品科技委员会决定于十二月三日以网
络形式举行会议。

论坛主题是食品安全和健康在后疫情时代的新需要和
挑战，论坛有世界知名专家参加，学会也表示这个论坛会
在来年继续举行。

自论坛创办的十多年以来，我结识了许多来自世界各
地的优秀人才。这是我人生中我最满意的一段经历。

第二十四章

《食品控制》主编生涯

二〇〇九年，在我们与中国卫生部相关领导会面之后，《食品控制》① 的主编勒贝儿·普莱特博士问我是否有兴趣担任该期刊的编辑。这是一本关注食品加工过程监控和食品安全的国际期刊，它也是国际食品科学技术联盟和欧洲食品科学技术联盟的官方刊物。在了解了更多的情况后，我得知所有与编辑相关的事务都是在网上处理的，随时随地都可以做，于是我接受了这个建议。二〇一〇年一月一日，我成为《食品控制》期刊的副主编。勒贝儿·普莱特住在英国的雷丁市，他有一位助理。我负责处理来自北美和亚洲国家的投稿，他负责处理来自世界其他地方的投稿。

我刚加入《食品控制》编辑团队时，期刊的影响因子为 1.5 左右。到二〇一八年，期刊的影响因子已经提高到 4.284，高于《食品微生物》《国际食品微生物》和《农业与食品化学》期刊。二〇一〇年全年，我们共收到八百份投稿。到了二〇一八年，我们收到了三千五百多份投稿。随着投稿量的增加，我们二〇〇五年增加了一位来自德国的编辑，他主要处理来自欧洲和南美洲的投稿。二〇一七年，随着亚洲国家投稿量的大幅增加，我们又添了一位来自新加坡的编辑，他处理东南亚及大洋洲地区来的稿件。二〇一九年全年，我们收到了超过三千七百多份的投稿。二〇一九年二月一日，我们增加了来自美国的第五名编辑，他主要协助处理来自北美洲的投稿。我则集中

---

① Food Control。

精力处理来自中国、日本和韩国的投稿。即使编辑人数不断增加，我每年审查的稿件量也一直保持在八百多篇。

由于我拥有多年审稿、投稿和编辑的经验，我做了一个"如何在英文国际期刊上发表文章"的特别演讲。这在中国的许多大学很受欢迎，我曾经在多所大学演讲这个题目。到二〇一八年，近百分之四十五的投稿都来自中国。这是由于中国对发表论文的奖励制度完全基于影响因子。例如，《食品保护》[1] 和《食品科学》[2] 这两本接收食品安全相关论文的期刊，它们的影响因子为一点五左右。根据中国的奖励制度，在《食品控制》上发表一篇论文就相当于在这两本期刊上发表三篇论文。西方世界并不了解或使用这一奖励体系。然而，许多来自中国的投稿文章的内容不在《食品控制》期刊的接收范围之内，这对期刊的编辑们来说是一件麻烦事。但是，中国学者们仍然坚持不懈地向我们的期刊反复投稿。编辑们花费了大量的时间和精力来拒绝这些稿件。

二〇二〇年是《食品控制》期刊自一九九〇年创刊以来的第三十周年。编辑们和出版商决定二〇二〇年八月，在新西兰奥克兰市召开的国际食品科技联盟大会上举办庆祝活动。最初的想法是让五名编辑各自做一个演讲，并邀请特别来宾进行论文展示。这些精选的论文将成为《食品控制》特刊的一部分。二〇二〇年国际食品科技联盟大会的程序委员会有一项政策，所有分组必须向所有作者开放

---

[1]　Journal of Food Protection。
[2]　Journal of Food Science。

任筑山应邀出席二〇一六年世界食品安全倡议中国主题日大会，并担任大会主题演讲人（二〇一六年八月）

投稿。我们提出的特别分组得到了非常强烈的反响，以至于项目委员会罕见地批准了两个对我们提议的分组题目。我们不得不从来自世界各地的三十多篇论文中挑选出五篇作为第二分组。很多优秀的论文都没能有机会在奥克兰展示。幸运的是，大会为这些作者举办了海报会议。他们仍然可以向《食品控制》特刊投递他们的论文。

一年要处理八百多篇论文就意味着我一个月要处理七十到八十篇投稿。除了审核最初提交的稿件内容是否符合期刊的研究范围外，我还需要为每一篇接受审核的论文找两到三个合格的审稿人。优秀的审稿人通常都是很忙碌的科学家，很多时候他们都不接受审稿任务。有些论文我需要邀请超过十个审稿人，才会有两名审稿人接受审稿任务。大多数审稿人的审稿周期为三到十二周。一旦审稿意见返回，我就必须做出决定，是要求作者修改他们的论文还是拒绝或接收他们的论文。很少有论文在进行完第一轮审稿后就被接收发表的。科学家之间总是存在着意见分歧。大多数作者要花三个月的时间来修改他们的论文。一旦他们提交了修改稿，我就可以接收修改后的论文，不需要再让审稿人进行审稿。大多数情况下，修改后的论文要经过两到三次审核才能被发表。被录用的文章交由出版经理处理。通常情况下，被录用的论文在两周内就会以网络版的形式发表，供其他科学家在"食品控制"网站上阅读。

对于普通编辑来说，这些工作需要每周花五十到六十个小时来处理。然而，与一般的编辑相比，我有两大优势：一是我拥有广泛的优秀科学家人脉，很多优秀科学家平常不接受审稿的任务，看在我的面子上例外地接受审稿的任务；二是我的科研背景涵盖了农业、食品化学、食品微生物学、食品安全法规和管理等领域。在整个编辑过程中，我也可以快速做出决定。尽管如此，我还是需要每周在电脑前花十五到二十五个小时来完成任务。很多情况下，我晚上睡不着的时候正是开展编辑工作的最佳时间，因为晚上很安静，网速也特别快。

在我担任了十多年的编辑之后，《食品控制》期刊在

任筑山在二〇〇五年美华学社在芝加哥市的年会上担任主讲人并接受学社的感谢奖牌

全球食品科学技术领域获得了很高的评价，于是我觉得是时候结束这项工作，开始做一些其他新的事情了。巧的是，期刊出版商在二〇一九年的年会上告诉我们，出版公司新的政策规定每位编辑的任期不能超过十年，以便把更多担任编辑的机会留给年轻的学者。我决定通知出版商，二〇二〇年将是我担任《食品控制》编辑的最后一年。我离开之后，他们需要找两到三个新的编辑来接手我的工作。

经过一番思考，我推荐了韩国的一位博士和佛罗里达州立大学的另一位博士担任该期刊的新编辑。经过全体编辑的同意，他们俩于二〇二〇年四月和六月加入了编辑部。另外，编辑团队需要招聘一名负责欧洲和南美洲投稿的编辑。最后我们觉得需要一位专家，随着读者对消费者的兴趣于日益增。我建议邀请中国的专家——吉林大学的白丽博士，大家同意后，她于二〇二一年四月担任编辑。她是《食品控制》期刊第一位女性编辑。

随着新冠病毒的暴发，许多计划不得不暂时搁置。政府决定把二〇二〇年的国际食品科技大会延期到二〇二二年。

我对这十年的《食品控制》期刊编辑工作非常满意。一方面我增强了食品安全不同领域的知识。另一方面，接触了许多老朋友和新朋友，这引发了我编辑食品安全领域图书的想法。

第二十五章
我的两本书

　　在二〇〇六年到二〇一六年这十年期间，随着我对中国食品安全问题不断地深入了解，我意识到食品安全不仅涉及科学技术领域，还与政府的法律法规、企业的管理方式、新闻媒体的关注和消费者的社会行为有很大关联。于是，我想编写一本涵盖食品安全所有领域的综合性书籍。但我知道仅靠我一个人的能力是无法完成的，因为我还欠缺很多领域的专业知识。我开始对编写这样一本图书的可行性进行评估。

　　在我决定编写中文版的食品安全书籍时，首先列出了整本书的大纲，我把整本书分成不同的章节，然后联系了相关领域的专家来编写。整本书包括四个部分，分别是：科学技术、法律法规、企业管理和其他内容（如国际贸

任筑山的全家福照（二〇一七年三月）

易）等。科学技术这一部分将集中讨论食品微生物学、食品化学和新技术。企业管理部分则介绍各种食品实例。

很快我就意识到我急需协助的两个领域是政府的法律法规和风险管理分析。此外，在某些领域，我认识的中国专家也不多。幸运的是，二〇一四年九月，我在加拿大蒙特雷举办的国际食品科技联盟大会上遇见了陈君石博士。陈博士是中国最知名的食品科学和营养专家之一。他是食品与营养领域的第一位中国工程院院士。我和他谈了我的想法以及我对这本书的整体构思，问他是否有兴趣和我一起编写。他对这个想法很感兴趣。接下来的几个月里，我们具体讨论了书的内容细节。随着我们对书内容讨论的深入，陈博士对编写这本书的兴趣也愈发浓厚，他积极参与了这本书的策划。我们一开始把这本书定为三十章，并将其分成六个部分，包括：绪论、食品微生物学、食品化学、法律法规、商品和新技术。后来，陈博士建议再新增风险管理作为第七个部分，因为中国政府对这个话题很感兴趣。因此，我们最后的决定是把这本书分为七个部分，三十四章。

二〇一四年的十一月份和十二月份，我们开始向原定的每个章节的编写作者发出邀请。幸运的是，我们邀请的多数作者都愿意抽出时间来完成这项工作。我们计划在二〇一五年六月底完成这本书的初稿。所有参与编写的人员大部分都按时提交了他们的初稿，只有一个人没完成。这本书最终只有三十三章。大多数作者都是中国人，但也有少部分是其他国家的人员。出版商让我们在图书出版

之前支付所有印刷费用。我联系了上海交通大学出版社和
中国农业大学出版社，他们告知我出版这本书的费用在
五万元到七万元人民币。如果再加上翻译、编辑、封面设
计、推广等费用，出版这本书预计需要二十万元人民币。
我联系了我在中国最好的朋友陈泽民博士和我的一个亲戚。
他们俩愿意每人无条件捐赠十万元人民币支持我们出版这
本书。我们把这本书定名为《中国的食品安全：过去、现
在与未来》。

在出书这件事上，我很走运。不久，我又遇见一位老
朋友，他原来是中国农业大学的校长。他在广西壮族自治
区担任了五年的自治区副主席，回到北京担任了中国科学
技术协会副主席。他得知我出书的消息后，表示如果中国
科学技术出版社可以出版这本书的话，他可以用部门的专
项资金支付印刷费用。中国科学技术出版社是中国科学委
员会下的一个部门。他安排我和出版社的社长和主编见面，
并向他们表示，中国科学委员会愿意承担这本书的出版费
用。他的支持也使我和陈博士在与出版社的编辑人员打交
道时变得容易不少。我想把这本书的售价定得低一些，这
样很多人包括学生都可以人手一本。我和陈博士与出版社
签订了合同，声明我们不收取版税，把每本书的售价定为
八十元人民币。这个价格还不够在北京一家好的餐馆里吃
一顿饭。

我和陈博士与出版社的工作人员一起轮流对章节进
行了编辑和排版。我和陈博士花了几个月的时间完成了
这个任务。在所有编写人员的配合下，我们于二〇一五年

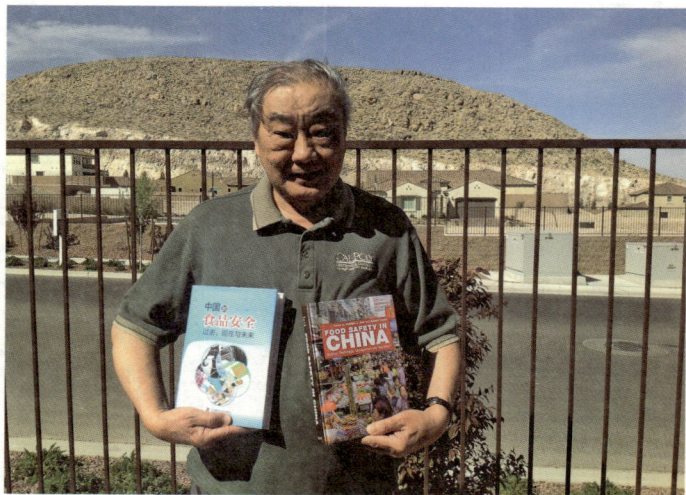

任筑山出版的两本"食品安全在中国"相关图书

十二月底完成了整本书的编校和排版工作。出版社的工作人员说，在这之前从未有过这么快完成一本书的记录。二〇一六年一月和二月，正值中国的农历新年假期，出版社的工作进行得比较缓慢。但在出版社工作人员的努力下，这本书于二月初印刷出来。最终这本书有八十位作者，共四百五十四页。我们之所以这么赶时间是因为我们想要在三月初，北京举行"十三五规划"会议时，把书分送给部分参会人员。我们印刷了五千本平装书和一百五十本精装书。我们在二〇一六年四月举办的第七届国际食品安全论坛上也发售了这本书。另外，我购买了五百本书，把他们送给了中国所有开设有食品安全或食品质量专业的大学的图书馆以及农学院。后来他们告诉我，这本书对中央和地方政府机构发布食品安全法律法规和食品安全指导方针产生了重大作用。

这本书出版之后，许多外国科学家问我是否可以考虑把它翻译成英文。经过一番思考，我和陈博士认为我们可以做得更好，而不仅仅是简单地把它从中文翻译成英文。我们再增加一些章节，在中文版的基础上加入全球视角。最后，我们把这本英文版书的书名定为《中国的食品安全：科学、技术、法规和管理》。这本书由英国牛津威利出版社出版，这是世界上最著名的科学类书籍出版商之一。在英文版的书中，我们增加了四个新的章节，删掉了原有的一个章节。每一个章节除了介绍中国的食品安全情况外，我们还邀请作者从全球的视角分析问题。我们把中国的食品安全状况与全球其他几个国家和地区相比，主要是美国、英国、日本、澳大利亚和欧盟国家等。这本英文版本的图书共有一百零一位作者，内容有三十六章，六百五十七页。

这本英文图书的整理过程非常顺利。二〇一六年九月我们开始有了这个想法，当年的十二月份就确认了编写所有章节的作者。二〇一七年六月底，大部分章节都已完成。威利出版社的编辑人员非常严格。全书都是用专业的英语完成的，书的每一章内容都是由我和牛津威利出版社的工作人员反复校对才完成的。这本书在二〇一七年十二月完成印刷，于二〇一八年一月正式发售。牛津威利不收取印刷费，但我们需要为出版社的编辑、设计和销售图书等工作付费用。我和陈博士决定不收取版税，而是用这笔钱来支付出版的相关费用，牛津威利出版社同意了。我对这本书非常满意，我也从中增长了很多英语知识。

总的来说，完成这两本书一共花了两年半左右的时间，从任何角度来说效率都是比较高的。没有人会想到这两本书的出版速度这么快。当然，这也离不开很多相关人员的帮助。

第二十六章

周游世界

　　旅行多数时候是快乐的，但有时也会有麻烦，尤其是旅途中行李的问题。我记得有一次，我去巴西圣保罗参加一个会议。我要在迈阿密机场转机，但我的行李并没有跟随我一同到达。我还要去巴西另外的三个城市开会，每天都要乘坐小飞机到达一个城市，所以直到最后一天我也没拿到我的行李。我不得不买一些临时的衣服和日用品去参加会议。

　　我一共去过世界上的七十多个国家和地区。除了非洲、东欧和南美洲一些地方没去过以外，我的足迹几乎遍布了世界各个角落。我去过美国的五十个州，也去了中国所有的省（包括直辖市）和自治区。此外，我还参观了很多游客不常去的地方。在这里，我选择其中的三个地方与读者分享。

　　有一次旅行是我和方心伟去中东的一个国家——阿曼。我们在伦敦机场花了三个多小时过安检和更换航空站。欣慰的是，我们到了阿曼首都马斯喀特时，受到了很好的接待。我们开车去了他们的大学城，住在希尔顿酒店。我是评估阿曼国立大学课程咨询委员会的一名成员。这所大学一共有两个校区：男生校区和女生校区。平时，女同学都用丝巾把脸包裹起来，只露一双眼睛在外面。原本五名委员中有两位委员的太太也打算参加这次旅行的，但是在了解了当地对女性行为的严格限制后，她们都放弃了。方心伟认为这可能是她一生中唯一的一次访问阿拉伯国家的机会，所以她就和我一起去了。我们到了阿曼国立大学后，他们请了两位外籍教师的妻子来陪伴方心伟度过接下来几天的行程。她们俩一个来自马来西亚，另一个来自英国。我们白天忙于评审工作时，她们就会带方心伟去附近的景点游玩。最令人难忘的一段经历是她们坐在一辆吉普车上，通过一个干涸的河床。这个场景就像是电影《印第安纳琼斯》里的情节，沿途的风景和电影里也很相似。每天吃晚饭的时候，我们都会让方心伟给我们讲述她白天游玩的经历。每个人都很羡慕她可以出去玩。

我们去过中国的许多地方。除了所有著名的旅游景点外，我们还去了西藏自治区、新疆维吾尔自治区和宁夏回族自治区。

去西藏自治区是一次令人非常激动的旅行。我们当时是四个人一起去旅行的，我和方心伟，还有我们的两个好友杨达伦和罗昭容。为了更好地适应西藏地区的海拔高度，我们是从青海省西宁市乘坐特别的火车到达拉萨市的。火车一共行驶了二十四个小时，穿过了中国海拔最高的一些地区。该工程于一九八四年开工，历时二十多年，于二〇〇五年十月十五日竣工通车。这列火车的车厢是全封闭式的，专门用来抵御寒风和恶劣的天气，另外还有两个火车头，也是专门为旅行而设计的。车厢内还备有供氧加压设施，在公共厕所旁边有氧气罐。乘火车旅行的另一个好处是，我们可以透过窗户看到昆仑山的美景。我们途中经过一个地方，那里有三十多座像日本富士山一样的山顶，一座接着一座。这种震撼的画面用语言是无法完全形容的。

我们到达拉萨市火车站后，导游正在出口处等着我们。我们感到十分荣幸，因为带我们的导游是西藏当地的四位高级导游之一。我们从他那里不仅了解了很多当地景点的信息，还了解了西藏的传统文化和宗教习俗。导游说我们的身体素质非常好，没有出现什么高原反应。他说几乎每个来拉萨的人身体都会有各种不适，每天因为高原反应呕吐两到四次都是正常的。我想可能是我和方心伟提前两周服用的一种特殊的西藏产的红景天起了作用。杨达伦和罗昭容是因为已经习惯了科罗拉多州迪伦市的海拔高度，他们在那里有套房子，以前经常去科罗拉多州附近的范尔小镇滑雪。

第二天，我们参观的第一站是始建于公元七世纪的布达拉宫。它是世界上海拔最高的宫殿建筑。我们团只有我们四个人，有充足的时间可以参观完历代喇嘛的宫殿，并观看了僧侣们的现场敬拜仪式。这座宫殿的一个问题是所有的屋子都没有门，只是拿厚重的布帘作为门。每个屋子都有专门的僧人来掀开布帘，让游客通过。但是布帘上充满了油烟味，这些油烟味是在屋子里焚香时产生的。我不知道他们多长时间才清洗一次这些布帘。当地政府部门把宫殿附近的房屋都转移走了，这样整个布达拉宫广场就非常宽阔，几乎和北京的天安门广场差不多大。游客有足够的空间和角度来拍摄布达拉宫。那天晚上我们吃了一顿美味的四川菜，然后睡了个好觉。

对我来说，第三天是我们这次旅行中最精彩的一天。西藏有两个宫殿：一个在拉萨，另一个在日喀则。大多数游客会选择走公路往返这两个地点。我们选择走的是山路，会经过海拔五千多米处。我们花了好几个小时才到达最高点。半山腰没有树木，有很多的冰川。我们从车上下来，用手去感受了那些在路边的冰川，并拍了很多漂亮的照片。我们到达最高点后，杨达伦和罗昭容在西藏第一次也是唯一一次感受到高原反应。那里有一个美丽的湖——西藏的圣湖。任何人都不能靠近或是触碰湖里的水。我感到奇怪的是，那里也没有鸟。我们在那里待了一个小时，然后又开车前行了两个小时，到达了山里唯一的一个两星级旅馆过夜。第四天，我们到达日喀则并入住了酒店。我们吃了一顿美餐，导游带我们去了当地的市场，当地人都在那里购买日常用品。我们买了很多藏族同胞手工制作的物品，价格都很便宜。

第五天，我们参观了日喀则宫的宫殿和庭院。这些宫殿和拉萨市的布达拉宫相比规模较小。但是每个宫殿也有不同的设计风格。吃完午饭后，我们沿着公路返回拉萨。西藏拥有世界上最好的高速公路速度控制系统。这条公路的总长度为两百英里，限速为每小时五十英里。在进入公路行驶前，司机先要在检验站停车、盖章，工作人员会记下发车时间。在行进五十公里后，司机要在下一站办理登记手续。如果汽车在规定的一个小时之前到达，将会按分钟罚款。按照中国的标准来算，这笔罚款相当高。为了避免罚款，在我们到达下一站的前几英里，司机会把车停下来，让我们在路边休息，直到时间达到一个小时我们才走。然而，公路附近没有公共厕所，我们只能在路边的树丛里方便一下。我们花了四个多小时才回到拉萨。

第六天早上，我们在拉萨机场办理了登机手续，飞往

北京，并在北京转机飞回了美国。我们这次独特的西藏之
旅就此结束了。

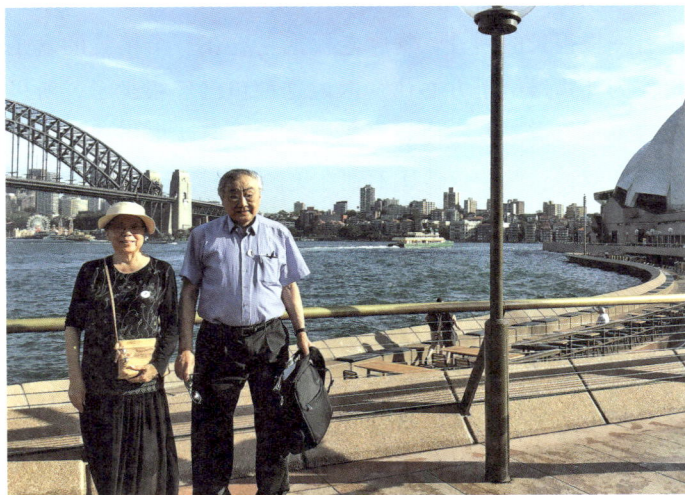

任筑山与方心伟在澳洲悉尼的旅游（二〇二〇年一月）

　　另外一个经历是我应邀在四川农业大学的校庆上演讲。
这所大学位于成都南部的雅安。他们农学院院长在食品安
全国际论坛上买了《中国的食品安全：过去、现在与未
来》。第一天，她在成都机场接了我们，我们向南开了
两个小时左右的车到达雅安。我们被安排住进了一家非常
有趣的旅馆，它曾是几百年前一个西夏部落国的宫殿。酒
店房间都有西藏茶砖作内衬。茶砖能够吸附气味，还能保
持墙体不沾灰尘。房间里有一股淡淡的茶味，这种感觉非
常美妙。其他的设施就相当于一般的三星级酒店，餐食的
味道也很一般。在我做完演讲参加完校庆活动后，四川农

业大学的副校长在一个山顶餐厅招待了我们，在那里我们可以看到雅安四面环水。在那家餐厅里，我们见到了一种罕见的鱼，只有这条河流的某一段才会出现。这条鱼的头顶有一根很长的剑骨，餐厅老板把它放在一个精美的盒子里作为礼物送给了方心伟。据说这种鱼已经很少了，所以剑骨也很贵重。方心伟想要买鞋子，我们就去当地的市场买了两双，总共的价钱还不到在美国买一双鞋的三分之一。买来的鞋子的质量也很好。

第二天，我们开车去康定游玩。这条新开通的公路有很多隧道。这条公路有两条单行道。方心伟看过一张用直升机拍摄的高速公路的照片。从照片上看，山上的风景十分秀丽，隧道之间的桥梁结构也非常完美。然而，我们坐在车里的时候，并没有感受到这种景象。我们需要下车走到山谷里才能欣赏到美丽的风景。此外，隧道内壁上的一些设计也很独特。

我们开车走了两个多小时才到达康定。康定是一个小城镇，山与山之间只有一条路可以通过。以康定为名的一首民歌《康定情歌》名扬四海。几乎每个中国人都会唱这首歌。康定镇上唯一的广场上有一块碑石上还刻着这首歌。虽然来这里游玩的中国游客居多，但我们也看到了一些外国游客。康定有一个小型的通勤机场，供小型飞机飞往成都或重庆。我们去了一家环境比较好的餐馆吃饭，又花了近两个小时参观了一些景点，最后赶在天黑前回到了雅安。

第三天，我们前往成都机场，登上了回美国的飞机。

这也意味着我的整本书结束了。